Sarah Michelle Gellar :
Buffy, la Tueuse de vampires

éditions

Nikki Stafford

Sarah Michelle Gellar : Buffy, la Tueuse de vampires

Traduit de l'américain par

Valérie Dariot

Éditions 84
84, rue de Grenelle, 75007 Paris

Stafford, Nikki, 1973

Bite Me ! Sarah Michelle Gellar and Buffy the Vampire Slayer

Includes bibliographical references.

I. Gellar, Sarah Michelle, 1977—. 2. Buffy the vampire slayer (Television program).
3. Television actors and actresses — United States — Biography.
I. Title. II. Title: Buffy the vampire slayer.

Maquette intérieure et photos : ECW Type & Art, Oakville, Ontario
Photo de couverture : © Sipa Press
Photos pages 155, 173, 200, 4e et 8e clichés du 2e hors-texte:
© Agence Stills / Foto Blitz
Photo page 135, © Agence Stills / I.P.A.

ISBN 2-277-25048-1

SOMMAIRE

REMERCIEMENTS

Je voudrais profiter de cette occasion pour remercier tous les gens qui m'ont apporté leur aide pendant que je travaillais à la rédaction de ce livre. Bien que leur couverture ne porte qu'un nom, celui de l'auteur, les livres comme celui-ci sont souvent le fruit d'un travail collectif.

Tout d'abord, j'aimerais remercier tous les gens du forum Internet de *Buffy the Vampire Slayer* qui m'ont été d'une grande aide pour le chapitre consacré à leur fête : Erika Rottler (alias Sasheer), Viet My Nguyen (alias Samiel), Karri Phillips (alias Phoenix), Keith Miller (alias KAM), Erika Gilbert (alias Batra), Tammie Purcell (alias greengirl) et Will York (alias fenric). Je tiens tout particulièrement à remercier Erika Rottler, Karri, Samiel et Keith pour les photos qui illustrent ce chapitre.

Je remercie aussi Lisa Rose qui m'a fourni quelques-unes des photos que vous pouvez voir dans ce livre, Sonja Marie Isaacs qui m'a donné de précieux renseignements sur le fan-club d'Anthony Stewart Head et Leslie Remencus qui m'a laissée puiser sur son site Internet des informations dont je me suis servie pour rédiger le guide des épisodes. Un grand merci à Scott Robinson (alias Lawless) pour avoir relu les premières épreuves de ce livre, pour avoir vérifié la véracité des faits présentés dans les biographies et pour m'avoir fourni tant de précieux articles sur son site Internet.

J'aimerais également remercier Robert Lecker des éditions ECW Press pour m'avoir donné cette immense chance, ainsi que tous les gens si généreux qui travaillent avec lui : Holly Potter, Jennifer Trainor, Jack David, Guylaine Régimbald, Megan Ferrier et Paul Davies. Un grand merci à Stuart Ross, mon inestimable éditeur, pour avoir réalisé un travail tellement remarquable sur mon manuscrit.

Je remercie aussi tous ceux qui m'ont apporté leur soutien : Jonathan et Johanne Hale, Robert Thompson, Jeremy Barker, Sheila Rusticus, Chris Lockett, Julie Ruffell, Marion McLarty, Mike D'Angelo, Christine Samuelian, John Hale, Sarah Thompson, Anjali Kapoor, Shanda Deziel, Andy Poon, Albert Wisco, Sandy, Piquette, Sebastian, ainsi que toute ma famille et tous mes amis. Je remercie tout spécialement Kim Koller, une véritable amie et ma fan numéro un. Comme toujours, mes plus grands remerciements vont à Jennifer Hale qui m'offre toujours son aide généreuse dans tout ce que j'entreprends.

Je dédie ce livre aux fans de *Buffy* partout dans le monde.

INTRODUCTION

TUEURS ET OBSERVATEURS : UNE NOUVELLE MYTHOLOGIE DES VAMPIRES

Diffusée pour la première fois aux Etats-Unis le 10 mars 1997, la série *Buffy contre les vampires* a immédiatement dépassé les attentes que l'on avait placées en elle. Basée sur un film qui avait fait un flop, et qui racontait l'histoire d'une lycéenne chargée de débarrasser la terre des démons, *Buffy* promettait d'être une autre de ces séries stupides pour adolescents, un produit aseptisé pareil à tant d'autres. Beaucoup de gens, y compris ceux qui avaient travaillé à sa réalisation, doutaient que la série survive à sa première saison. Pourtant, elle a survécu et sa popularité n'a cessé de croître parmi ses fans, mais aussi auprès de la critique.

Que ce soit dans les œuvres de fiction ou dans la tradition populaire, les vampires ont toujours fasciné. Avec la parution en 1897 du livre *Dracula* de Bram Stoker, la légende des vampires prit sa forme moderne. Dracula allait devenir au cours du XXe siècle une icône cinématographique. *Nosferatu*, en 1922, fut le premier grand film de vampires, mais c'est Bela Lugosi, dans le *Dracula* de Tod Browning en 1931, qui transforma à jamais le démon monstrueux en une métaphore de la sexualité. Dracula se fit voluptueux et raffiné, et ses attaques contre le cou de jeunes femmes sans défense furent comparées à des actes de séduction. Cette image du vampire séducteur s'imposa. Elle atteignit de nouveaux sommets avec les romans de l'Américaine Anne Rice qui parurent dans les années 80 et 90 et dont le personnage central était un vampire romantique et débauché répondant au nom de Lestat. En 1992, le *Dracula de Bram Stoker*, interprété par Gary Oldman et Winona Ryder, remettait au goût du jour l'idée d'un vampire vu comme un monstre et se montrait en cela plus fidèle à l'œuvre de Stoker que la plupart des adaptations qui l'avaient précédé. Cette même année sortit sur les écrans le film de Fran Rubel Kuzui, *Buffy contre les vampires*, dont les principaux interprètes étaient Kristy Swanson et Luke Perry, un film qui marquait l'arrivée d'un nouveau personnage dans la légende, celui d'un exterminateur chargé de débarrasser le monde des vampires.

Les œuvres de fiction consacrées aux vampires répondent à des conventions très différentes de celles qui sont colportées par la culture populaire. Par exemple, dans les œuvres de fiction, ne devient vampire que celui qui a été mordu par un vampire. Alors que dans la tradition populaire, on croyait qu'un homme pouvait se réincarner en vampire si un animal avait sauté par-dessus son cercueil, s'il avait été assassiné ou qu'il s'était suicidé, s'il était né avec un bec-de-lièvre, ou bien un samedi ou encore entre Noël et l'Epiphanie, s'il avait été enseveli vivant ou s'il n'avait pas été correctement enterré, et cette liste n'est pas exhaustive. Dans la fiction, le vampire est un aristocrate fortuné, alors que dans le folklore, c'est un pauvre paysan qui erre dans la campagne. Dans les films, le vampire est grand, mince et raffiné. Il s'enveloppe dans une grande cape et arbore un teint d'une pâleur de mort ainsi que de longues canines acérées. Dans le folklore, au contraire, le vampire a le visage rougeaud et taché par tout le sang dont il se repaît. Les allusions à ses dents sont rares. Son œil gauche, et parfois les deux, reste grand ouvert même quand il dort pendant la journée. Les œuvres de fiction racontent qu'un vampire dont le cœur a été transpercé d'un pieu se désagrège ou se momifie. Alors que, dans le folklore, on dit qu'il faut se débarrasser du cadavre d'un vampire mort. Le pieu seul ne suffit pas à exterminer un vampire. Il faut donc faire brûler son corps. Toutefois, dans la fiction comme dans le folklore, le vampire est plus une créature mâle que femelle. Dans le folklore, les seules femmes vampires sont celles qui sont mortes en couches.

Les croyances populaires entourant les vampires étaient inspirées par des peurs bien réelles. Certains aspects de cette légende apparurent avec les grandes épidémies. Lorsque dans une ville les gens se mettaient à mourir par centaines, les survivants avaient tendance à rejeter la faute sur le premier défunt. On disait qu'à la nuit tombée il allait de maison en maison et aspirait la vie des gens que l'on retrouvait décédés le lendemain matin. A cause de telles histoires, les docteurs étaient obligés d'aller déterrer le corps du premier mort et de lui planter un pieu dans la poitrine. Des rapports médicaux de l'époque racontent que les cheveux et les ongles du mort avaient poussé et que le sang coulait à flots du cadavre quand on y enfonçait le pieu. On a depuis trouvé des explications parfaitement rationnelles aux prétendues découvertes de ces docteurs. Lorsque la peau commence à se décomposer, elle se rétracte en exposant les ongles qui, de ce fait, paraissent s'être allongés. Si les intestins sont gonflés de gaz, le sang jaillira avec une grande force quand le corps sera transpercé. Certains médecins ont même avancé la thèse selon laquelle les vampires souffraient en fait de porphyrie, une maladie qui donne une coloration rouge aux yeux, à la peau et aux dents et qui dessèche la peau au point que celle-ci se craquelle et saigne abondamment dès qu'elle est en contact avec la lumière du jour. On prétend aussi que les personnes atteintes de cette affection devaient boire du sang pour reconstituer les réserves de fer manquant à leur organisme, mais cette dernière théorie n'a pas été prouvée.

Au XXe siècle, le mythe du vampire entre dans le domaine de la psychiatrie, comme on le voit dans le *Dracula* de Stoker. Stoker s'était livré à des recherches approfondies sur le vampirisme, du point de vue des croyances populaires et aussi du point de vue de la médecine. Le personnage de Renfield, un aliéné qui voue un culte à Dracula et qui mange des insectes pour leur sang, a été imaginé à partir de cas réels. On définit le vampirisme comme le comportement qui consiste à ingérer du sang en retirant un plaisir sexuel de cet acte. On a répertorié de nombreux cas d'individus atteints de cette maladie mentale. Détail à noter, la plupart de ces malades étaient des femmes. Le cas de vampirisme le plus connu — et nombre de psychiatres hésiteraient à employer le terme de vampirisme dans ce cas particulier — date de 1949. Cette année-là, un certain John Haigh fut exécuté pour ce que l'on appela à l'époque les « meurtres au bain d'acide ». De 1944 à 1949, cet homme avait assassiné neuf personnes dont il avait bu le sang avant de dissoudre leur cadavre dans un bain d'acide sulfurique. Bien sûr, dans les cas réels de vampirisme, les victimes ne sont pas transformées en vampires et ne se métamorphosent pas en chauves-souris. Ces détails appartiennent à la légende.

Une légende que *Buffy* vient enrichir. Les scénaristes de la série se plient en effet à certaines conventions du mythe tout en prenant leurs distances avec d'autres. Les vampires de Joss Whedon ne volent pas et ne se changent pas en chauves-souris. Ils conduisent des voitures et ont des aventures sentimentales comme le commun des mortels. Mais Whedon a donné naissance à une nouvelle mythologie dans ce domaine en faisant de la vie des vampires et de la façon dont ils influencent celle des mortels le thème central de sa série. Les vampires de Whedon ne sont pas tous des monstres anonymes mais des êtres qui ont autrefois été eux-mêmes des victimes.

Ce qui est plus important encore, il a transformé l'image traditionnelle de la jeune femme sans défense en une machine à tuer d'un mètre soixante. Mais une machine à tuer qui a aussi ses problèmes. Pourtant le devoir est le devoir et Buffy doit apprendre à vivre avec l'idée que chaque jour peut être pour elle le dernier. Parce que, « à chaque génération, il y a une Elue... ».

« ELLE EST LA TUEUSE DE VAMPIRES »

Une biographie de Sarah Michelle Gellar

UNE ENFANT PRÉCOCE

Sa magnifique réussite s'inscrit dans la légende de Hollywood. Sarah a été découverte à New York alors qu'elle dînait dans un restaurant. Elle avait quatre ans.

Sarah Michelle Gellar est née à New York le 14 avril 1977. C'était une enfant intelligente et pétillante. Sa mère a toujours su que Sarah aurait un destin hors du commun, mais elle ignorait que ce destin se manifesterait à un âge aussi précoce. Un jour, dans un restaurant, une femme s'approcha de la table où Sarah dînait en compagnie de quelques amis de sa mère. Elle devait observer depuis un moment cette enfant si vive, et elle demanda à Sarah si elle aimerait passer à la télévision. Sarah est encore un peu gênée quand elle évoque cette rencontre. Elle se souvient s'être alors tournée vers l'agent et lui avoir décliné fièrement son nom, son numéro de téléphone, le nom de ses parents et son adresse. « Je n'avais pas la moindre idée de ce que je faisais », dit-elle aujourd'hui en riant.

Néanmoins, elle fit une forte impression sur cette femme. Et en rentrant chez elle ce jour-là, elle annonça à sa mère Rosellen qu'elle allait passer à la télé. Sa mère crut à une plaisanterie, car sa fille n'avait aucune expérience du métier de comédienne. Jusqu'au moment où elle reçut un coup de fil de l'agent en question qui voulait fixer la date de l'audition. Poussée par la curiosité (et aussi probablement par les supplications de sa fille), Rosellen décida d'aller vérifier par elle-même. Le lendemain, elle accompagnait Sarah à sa première audition.

Le film avait pour titre *An Invasion of Privacy* et le casting comptait quelques noms prestigieux. L'actrice principale était Valerie Harper. Sarah devait jouer le rôle de sa fille. Les autres acteurs étaient Carol Kane (de *Taxi*), Jeff Daniels (*Dumb and Dumber*), Robby Benson (*Château de rêves*) et Jerry Orbach (*Law and Order*). L'audition était prévue pour la fin de l'après-midi. Sarah devait jouer une scène avec Valerie Harper, mais l'actrice était déjà partie. Sans se démonter, Sarah prit le script en disant qu'il n'y avait aucun problème et se mit à lire ses répliques. Quand elle arrivait à une phrase que devait dire Valerie Harper, elle baissait la voix et la lisait en imitant l'actrice. Les responsables du casting la trouvèrent irrésistible et décidèrent sur-le-champ de l'engager pour le rôle.

La renommée de ce petit bout de femme se répandit comme une traînée de poudre et Sarah devint bientôt l'ambassadrice de la marque Burger King dans une série de spots publicitaires qui furent diffusés en 1981. Bien des années plus tard, sur le plateau de l'émission *The Tonight Show with Jay Leno* où elle était venue faire la promotion de *Buffy contre les vampires*, Sarah expliquera en riant que la production avait dû embaucher pour elle un professeur de diction. « Je n'arrivais pas à prononcer le mot "burger". Je n'arrêtais pas de dire "buga, buga". » (*Tonight Show*, 8 septembre 1997.)

Elle finit pourtant par améliorer sa prononciation. Alors, toute l'Amérique du Nord tomba sous le charme de cette petite fille aux longues nattes brunes assise, les jambes croisées, sur une chaise d'un restaurant Burger King. Elle était adorable et parlait avec une aisance qui la faisait paraître plus âgée qu'elle ne l'était en réalité. Sarah remportait partout les suffrages du public, à une exception près cependant.

En effet, l'un de ses spots donna lieu à un procès retentis-

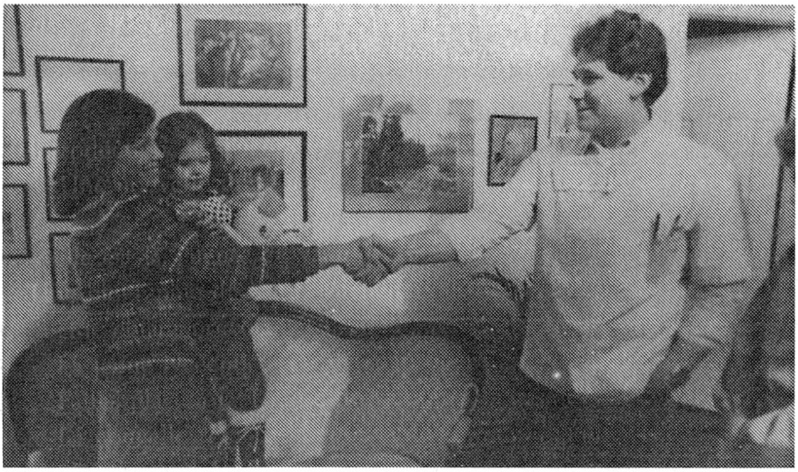

© EVERETT COLLECTION

Valerie Harper, Sarah et Richard Masur dans *An Invasion of Privacy*, le premier rôle d'actrice de Sarah.

sant qui changea à jamais la pratique de la publicité comparative en Amérique. Dans ce film, Sarah déclarait que les hamburgers de Burger King étaient plus gros que ceux de McDonald's et qu'ils étaient grillés et non pas frits comme ceux de McDonald's. C'était la première fois dans l'histoire de la télévision américaine qu'une société utilisait le nom d'un concurrent pour le critiquer. McDonald's intenta un procès en diffamation à Burger King ainsi qu'à l'agence de publicité qui avait conçu le spot et à Sarah. « J'avais cinq ans, se souvient-elle, je n'arrivais même pas à prononcer le mot "avocat" et, quelques mois plus tard, je devais dire à mes petits camarades de classe que je ne pouvais pas jouer avec eux parce qu'il fallait que j'aille faire une déposition. » (Propos recueillis par Cindy Pearlman.) L'affaire trouva finalement un règlement à l'amiable, mais elle créa un précédent qui interdisait désormais aux sociétés de nommer les produits de leurs concurrents dans leurs publicités. Sarah tourna au total dans trente spots pour Burger King. La chaîne de restauration rapide concluait chacun de ses films par cette question dérangeante : « Où est le bœuf ? », un slogan qui laissait clairement entendre que McDonald's vendait des hamburgers sans bœuf.

Sarah était désormais connue et on se l'arrachait. Le film

An Invasion of Privacy, dans lequel elle avait commencé à jouer une semaine après son audition, sortit finalement en 1983. Sarah joua ensuite dans *Over the Brooklyn Bridge,* un long métrage à la distribution impressionnante : Elliott Gould, Margaux Hemingway, Carol Kane, Sid Caesar et Shelley Winters. Après ces deux films, Sarah décida de prendre un peu de repos. Après tout, elle n'était qu'au cours élémentaire. Elle se consacra à son travail scolaire et à ses amis, mais continua à jouer dans des spots publicitaires.

En 1986, elle reprit sa carrière d'actrice, en faisant une apparition dans le rôle d'Emily dans un épisode de la série *Spenser for Hire.* Sarah prit un grand plaisir à travailler avec la vedette de ce feuilleton, l'acteur Robert Urich. « J'avais huit ou neuf ans et il était très gentil avec moi », se rappelle-t-elle. (Propos recueillis par James Brady.) La même année, elle montait pour la première fois sur les planches, à New York,

Sarah en classe de quatrième.

dans la pièce de Horton Foote *The Widow Claire*. L'affiche avait de quoi faire rêver la petite fille de neuf ans qu'elle était alors, car Matthew Broderick et Eric Stoltz se partageaient la vedette de ce spectacle. Sarah se rappelle qu'ils n'étaient pas encore de grandes stars au début, mais ils le devinrent peu de temps après quand sortirent les films *La folle journée de Ferris Bueller* avec Matthew Broderick et *Some Kind of Wonderful* avec Eric Stoltz. « J'étais la fille la plus populaire de mon école, parce que je travaillais avec tous les deux ! » (Propos recueillis par James Brady.)

Cette popularité ne dura pas. Quand le moment fut venu pour elle d'entrer au lycée, Sarah s'inscrivit à la Columbia Preparatory School de New York et comprit bientôt qu'il lui serait très difficile de s'y faire une place. D'abord, parce que la plupart des étudiants venaient de famille très aisées, or la mère de Sarah n'était qu'un modeste professeur. « Mes camarades de classe, pour la plupart, étaient habitués à ce qu'on leur apporte tout sur un plateau. Mais moi, j'avais dû travailler dur pour obtenir tout ce que j'avais. » (Propos recueillis par Terrie Collymore.)

Comme beaucoup d'enfants le savent, les jeunes entre eux peuvent être très cruels. Les étudiants de la Columbia Preparatory School ne faisaient pas exception à cette règle. Sarah fut condamnée à la solitude, parce que les autres élèves ne voulaient pas la fréquenter. Probablement par jalousie, ils la punirent d'être célèbre en la harcelant constamment. Sarah était très malheureuse à l'école, alors elle concentra tous ses efforts sur sa carrière d'actrice.

En 1988, elle décrocha un petit rôle dans le film *Funny Farm*. Elle y incarnait une lycéenne mais, pour une raison étrange, son nom n'est pas mentionné au générique. En 1989, elle fit une apparition dans le film *High Stakes*, un thriller avec Kathy Bates et Sally Kirkland. Sarah y joue le rôle de Karen, la fille de Kirkland, et son nom apparaît pour la première fois au générique. Sarah avait appris qu'une autre actrice s'appelait comme elle, si bien qu'elle avait décidé, pour se distinguer de son homonyme, d'accoler son deuxième prénom, Michelle, au premier. Cette même année, elle devint présentatrice de *Girl Talk*, une émission programmée le samedi matin. Les invitées y parlaient de mode, de garçons et de tous les sujets supposés intéresser les filles. Sarah présentait l'émission avec Soleil Moon Frye, mieux connue sous le pseudonyme de Punky Brewster, et Rod Brogan. Mais ce programme de divertissement ne faisait pas de très bons scores d'audience, il fut bientôt arrêté.

Sarah avait alors tout juste treize ans, mais sa vie était tellement remplie que sa mère l'obligea à porter sur elle un messager de poche afin de toujours savoir où la trouver. Sarah a toujours été très proche de sa mère. Ses parents ont divorcé quand elle était encore très jeune, et Sarah a toujours montré beaucoup de réticence à parler de son père sauf pour en dire qu'ils ne s'entendent pas très bien et qu'il ne fait plus partie de sa vie. Toutefois, Sarah n'a pas été élevée sans père, car sa mère s'est remariée au début des années 90 et, au dire de Sarah, son beau-père l'a beaucoup encouragée dans tous ses projets. « Mon beau-père dit toujours que quand il voit le nombre de choses que j'arrive à accomplir dans une journée, il pense qu'il devrait embaucher des jeunes comme moi, parce qu'il trouve incroyable de voir des jeunes gens aussi déterminés et qui ont tellement à offrir », déclare fièrement Sarah. (Propos recueillis par Michael S. Rush.) Pour elle, il est plus son père que son père biologique.

Sarah parle toujours de sa mère avec beaucoup de tendresse. Il est clair que celle-ci a assisté à toutes ses auditions, qu'elle a veillé sur elle et l'a aidée à toujours garder les pieds sur terre. Mais elle n'est pas de ces mères comme on en rencontre tant dans le monde du spectacle qui prennent toutes les décisions pour leurs enfants. Comme nous l'explique Sarah : « Ma mère ne réalise pas ses ambitions à travers moi... Jouer a toujours été mon choix. Si un jour je décidais d'arrêter, elle serait avec moi à cent pour cent. » Et elle ajoute :

© JUDIE BURNSTEIN/GLOBE PHOTOS

Sarah avec sa maman, Rosellen.

« Maman a toujours été à mes côtés. Nous sommes très proches. » (Propos recueillis par Terrie Collymore.)

C'est sa mère qui, la première, a remarqué combien Sarah était malheureuse à la Columbia Preparatory School. Parce qu'il s'agissait d'une école privée traditionnelle, les autres élèves ne pouvaient pas comprendre le style de vie de Sarah. Sarah reconnaît maintenant qu'elle s'est heurtée à cette époque de sa vie aux mêmes problèmes que ceux que rencontre Buffy dans son lycée. Buffy doit pourchasser les vampires alors qu'elle devrait faire ses devoirs ou sortir avec des garçons. Or Sarah a dû faire face à des difficultés similaires : « J'étais placée devant le même dilemme : dois-je aller au bal du lycée ou me rendre à une audition ? » De tous les films qu'elle a vus, son préféré est *Fatal Games*, ce qui en dit long sur le regard qu'elle porte sur ses années de lycée. (En effet, dans ce film, Winona Ryder joue le rôle d'une adolescente qui a du mal à trouver sa place parmi les jeunes filles riches qui fréquentent son école. Apparaît ensuite le personnage de Christian Slater qui va conspirer avec elle dans le but d'éliminer ses camarades de classe.) Sarah finit par avoir honte de sa réussite. Elle n'éprouvait plus aucune fierté de ce qu'elle faisait. « Je ne parlais jamais de mon métier d'actrice parce que, quand je le faisais, on me traitait de prétentieuse. Mais si je ne le faisais pas, on me considérait encore comme une prétentieuse. Je pleurais beaucoup, parce que je n'arrivais pas à comprendre pourquoi les autres ne m'aimaient pas. » (Propos recueillis par Terrie Collymore.)

Sa mère la fit entrer à la Professional Children's School de Manhattan. Tout de suite, Sarah fut traitée différemment, parce que tous les autres élèves travaillaient comme elle. Elle se fit de nombreux amis et eut enfin l'impression d'être comprise. « Cette école est destinée à tous ceux qui n'ont pas des horaires réguliers : musiciens, danseurs, écrivains. » (Propos recueillis par Scott Roesch.) A cette époque, Sarah poursuivait sa carrière d'actrice, suivait ses études et prenait aussi des leçons de patinage artistique et de tae kwon do. Elle avait étudié cet art martial pendant quatre ans et se classa même à la quatrième place d'un championnat auquel elle avait participé. « Je me levais le matin et j'allais à la patinoire puis à l'école. Je me rendais ensuite à mes auditions pour finir ma journée par mon cours de tae kwon do. J'étais surmenée, à bout de nerfs. » (Propos recueillis par Jose Martinez.) Rosellen voyait bien que sa fille avait trop d'activités. Elle lui dit qu'il était temps de faire un choix. Sarah pouvait conserver deux activités, mais pas plus. Sarah, tout naturellement, garda le théâtre et ses études. (Elle ne savait pas encore l'importance qu'aurait le tae kwon do pour elle à l'avenir.) Sarah obtint son diplôme de fin d'études avec une excellente moyenne. Sa carrière avait déjà décollé, la conduisant sûrement au firmament du box-office.

LA JEUNE LYCÉENNE, STAR DE SOAP OPERA

En 1991, Sarah obtint un rôle dans *A Woman Named Jackie*, un téléfilm relatant la vie de Jackie Kennedy. Sarah jouait le rôle de la jeune Jacqueline Bouvier et Roma Downey, une comédienne chevronnée, incarnait Jackie dans la deuxième partie de sa vie. Roma Downey avait joué aux côtés de Lucy Lawless et de Kevin Sorbo dans *Hercules and the Amazon Women*, avant de devenir le principal personnage du célèbre feuilleton *Les anges du bonheur*. Sarah adorait Roma Downey et se souvient qu'elle rêvait de lui ressembler. Elle se mit à l'imiter sur scène et Roma Downey trouvait cela très flatteur. Sarah apprit à copier les gestes et la façon de parler de Roma, ce qui eut un excellent effet sur son jeu dans le film. Il y avait entre les deux Jackie (la jeune et la mûre) une étrange similitude, ce qui donna à la performance des deux artistes une grande authenticité. Il est intéressant de souligner qu'à l'affiche du film figurait aussi l'acteur Mark Metcalf qui, plus tard, s'opposerait à Buffy sous les traits du Maître.

En 1992, peu après son entrée dans sa nouvelle école, Sarah incarna un rôle dans *Jake's Women*, une pièce de Neil Simon. Molly, son personnage, était supposée être âgée de douze ans, alors que Sarah en avait déjà quinze à l'époque. Un an plus tôt, elle avait décroché le rôle de Sydney Orion Rutledge dans le feuilleton télévisé *Swans Crossing*, dont les épisodes ne furent diffusés qu'un an après le tournage du pilote. Incarner le personnage de Sydney devait l'aider à obtenir son prochain rôle dans une autre série intitulée *All My Children*. Sydney est en effet une manipulatrice, la fille du maire de Swans Crossing, une petite station balnéaire. Quand on lui demandait de décrire son personnage, Sarah répondait : « Eh bien, Sydney est un peu la sorcière de la ville. Elle se moque bien des sentiments des autres et pense qu'elle est le centre de l'univers, ce qui est souvent vrai d'ailleurs. Je crois qu'il y a toujours des similitudes et des différences entre ce que je suis et les personnages que j'incarne, mais j'essaie de garder les mauvais côtés de Sydney hors de ma vie. » Le plus drôle, c'est qu'un critique du magazine *Entertainement Weekly* décrivait alors Sydney en ces termes : « C'est une Erica Kane en plus jeune et en plus blond. » Le feuilleton lui-même, dont l'action se concentrait sur la vie de douze jeunes gens, était d'une grande médiocrité. Pourtant, bien que d'un ridicule frisant le grotesque, la série eut quelques fans. Mira Sorvino fit même une apparition dans les premiers épisodes (mais c'était, bien sûr, avant qu'elle reçoive son Oscar).

Swans Crossing avait la prétention de se démarquer des autres feuilletons du même type, *Beverly Hills* en particulier, parce qu'on n'y parlait pas de problèmes. Mais pour la Fox, seuls comptaient les scores d'audience. Certes, ils étaient bons mais pas excellents. Comment la Fox avait pu imaginer réaliser des records d'audience avec un feuilleton pour adolescents programmé à deux heures de l'après-midi demeure un mystère. Toujours est-il qu'après avoir été diffusé quotidiennement pendant trois mois *Swans Crossing* fut interrompu. Espérant relancer le feuilleton, la Fox rediffusa les épisodes des trois premiers mois, mais toujours dans le même créneau horaire. Cette série avait un fort potentiel parmi les jeunes téléspectateurs et les producteurs avaient même mis sur le marché des poupées *Swans Crossing*. Mais les scores d'audience n'étaient pas assez bons pour couvrir les frais de production d'une émission quotidienne. La série fut donc abandonnée.

Tout n'était pas perdu pourtant, car après l'arrêt de *Swans Crossing*, Sarah passa une audition qui devait à jamais changer sa vie.

Elle n'avait aucune idée du rôle qu'on lui demanderait de tenir quand elle passa l'audition pour *All My Children*. Elle savait seulement qu'elle devrait incarner une adolescente et qu'elle serait probablement la fille de quelqu'un. C'est alors qu'on lui confia le rôle de la fille de la très manipulatrice Erica Kane, jouée par l'actrice Susan Lucci. Sarah était très nerveuse la veille de son premier jour de tournage. *All My Children* était alors l'un des soaps les plus populaires de la télévision et Erica Kane la diva de tous les feuilletons. Mais les peurs de Sarah furent vite balayées. Quand elle arriva sur le plateau, Susan Lucci répétait une scène avec Michael Nader, qui joue Dmitri, mais elle s'arrêta en voyant arriver Sarah et alla vers elle pour l'accueillir. Elle fit ensuite avec elle le tour du plateau pour lui présenter toutes les personnes présentes. Sarah était très touchée : « Je n'aurais pas pu espérer travailler avec quelqu'un de mieux, confiait-elle à l'époque au présentateur de *Daytime TV*. Il est impossible de ne pas s'entendre avec Susan. » Mais elle allait vite déchanter.

Les acteurs de *Swans Crossing* au *Planet Hollywood* en 1992. De gauche à droite : Kristen Mahon, Brittany Daniel, Stacey Moseley et Sarah portent Shane McDermott sur leurs genoux.

Kendall Hart, le personnage de Sarah, entra dans le scénario au moment où Erica était sur le point de se marier. Sarah évoque souvent en plaisantant l'intrigue un peu rocambolesque du feuilleton. De 1993 à 1995, son personnage traversa à peu près toutes les épreuves. Kendall fit sa première apparition dans le feuilleton le 24 février 1993. Erica avait été violée à l'âge de quatorze ans et elle était tombée enceinte. Elle avait fait adopter son enfant, puis elle avait essayé d'effacer ce triste épisode de sa mémoire. Quand elle apparaît, Kendall se présente comme une admiratrice d'Erica, mais sans dire qui elle est vraiment. Toutefois Mona, la mère d'Erica, voit la tache de naissance que porte Kendall dans le cou et reconnaît alors en elle la fille d'Erica. Mais ce n'est que quand Bianca, l'autre fille d'Erica, est blessée dans un accident de moto que Kendall avoue à sa mère qui elle est. Lorsque Kendall devient obsédée par l'idée de retrouver son père biologique, Erica lui interdit formellement de faire des recherches. Kendall réussit à convaincre Dmitri de l'aider, mais Erica l'apprend. Elle chasse Kendall de chez elle, quitte Dmitri et demande le divorce. Kendall passe la nuit avec Anton, l'assistant de Dmitri, et va ensuite raconter à Erica que Dmitri a essayé de la violer. Folle de rage, Erica va trouver son ancien amant et le poignarde avec un coupe-papier car elle se souvient qu'elle-même a été violée dans sa jeunesse. (Vous me suivez toujours ?)

Kendall projette alors avec Del Henry, un autre garçon de la ville, d'écrire un livre qui raconterait tout sur Erica Kane. Erica entre-temps est jugée pour la tentative de meurtre contre Dmitri. Dans le box des accusés, elle nie avoir eu l'intention de frapper son ancien amant, et prétend que, victime d'une hallucination, elle l'avait pris pour Robert Fields, son violeur. Kendall comparaît comme témoin et jure que Dmitri l'a violée et qu'en commettant cet acte il a poussé Erica à se conduire comme elle l'a fait. Mais durant le procès, elle réalise que son véritable père était un monstre. Elle revient sur son témoignage et se retrouve emprisonnée pour parjure. Erica est remise en liberté. Pendant ces événements, Mona, qui a assassiné Fields, est morte dans son sommeil. (L'actrice qui incarnait son rôle venait de perdre une longue bataille contre le cancer.) Kendall découvre qu'Anton est le fils de Dmitri et l'épouse, mais elle accepte plus tard de divorcer. Erica et elle finissent par se réconcilier juste avant qu'elle quitte Pine Valley pour la Floride, d'où elle venait à l'origine. Ouf !

La vie de Kendall n'était pas des plus simples, mais Sarah

Sarah en compagnie de Winsor Harmon qui joue le rôle de Del Henry dans *All My Children*.

en aimait chaque minute (bien qu'elle ait avoué une fois qu'elle aurait bien aimé que son personnage se calme un peu). Le comportement outrancier de Kendall permit à Sarah d'essayer des choses qu'elle n'avait jamais faites. « C'était drôle de jouer une déséquilibrée, déclara-t-elle par la suite. J'essayais de mettre fin à mes jours, puis j'allais tirer à bout portant sur des gens. C'était top ! » (Propos recueillis par Margy Rochlin.) Sarah a probablement plus apprécié de jouer dans ce feuilleton que dans tous les autres qu'elle avait tournés jusque-là, à cause du défi que cela représentait. Le feuilleton était diffusé quotidiennement de sorte que les acteurs recevaient un nouveau script chaque jour. C'est à cette occasion que Sarah a appris combien il est important de bien jouer une scène dès la première prise. « On vous remet le scénario la veille. Vous répétez une ou deux fois et puis on fait une prise, parfois deux. Et c'est tout ! explique-t-elle. Contrairement à une idée répandue, nous n'avions pas de souffleur. »

Les fans du feuilleton adoraient Sarah. Dans le rôle de Kendall, elle était délicieusement machiavélique, pourtant on ne pouvait s'empêcher de la prendre en pitié, parce qu'elle avait été une enfant abandonnée. En 1994, après avoir joué dans la série pendant un peu moins d'un an, Sarah fut nominée pour le Daytime Emmy Award dans la catégorie des jeunes espoirs des feuilletons télévisés. Elle ne remporta pas le trophée cette année-là, mais sa nomination après une si courte participation au feuilleton était déjà pour elle une réussite. Hélas, c'est aussi à cette époque qu'on commença à dire autour d'elle que ses rapports avec Susan Lucci n'étaient pas aussi idylliques qu'on avait voulu le dire. Susan Lucci avait été nominée quatorze fois pour le prix de la meilleure actrice de série télévisée, mais elle n'avait jamais reçu la récompense. Comme Sarah l'avouera ensuite : « Ce ne fut pas une période facile de ma vie… Nos rapports dans le travail étaient loin d'être parfaits. Nous… euh… nous ne déjeunions jamais ensemble. » (Propos recueillis par Margy Rochlin.)

La presse à scandale s'empara de l'affaire, racontant que Sarah et Susan se détestaient cordialement. Pourtant, aujourd'hui encore, Sarah dément cette rumeur. Pour elle, les journaux avaient exagérément grossi sa mésentente avec Susan. Elles avaient, dit-elle, d'excellents rapports à l'écran, mais leurs relations personnelles n'étaient pas des meilleures. Au milieu de la saison, Sarah prit la décision de quitter la série pour se lancer dans d'autres projets (et, comme le prétendirent certains, pour prendre ses distances avec Susan). Sarah dut se demander si elle avait pris la bonne décision quand, en 1995, elle fut de nouveau nominée pour le prix du meilleur jeune espoir et qu'elle gagna le prix. (La remise avait lieu le même soir que son bal de promo, mais Sarah parvint à assister aux deux.) Sarah affirma à Susan qu'elle n'avait jamais eu l'intention de lui faire de l'ombre. « J'avais gagné cette récompense pour des scènes que j'avais jouées avec elle. Je ne travaille pas seule. C'était un travail de collaboration. » (Propos recueillis par Scott Roesch.) Le lendemain, la chaîne ABC annonçait officiellement que Sarah quittait la série. Cela faisait déjà six mois que Sarah avait fait connaître son intention de partir, et elle fut très agacée par ce mauvais timing. « Je passais aux yeux de tous pour la méchante de l'histoire, se rappelle-t-elle. Les dirigeants d'ABC m'avaient fait savoir que je ne pouvais pas annoncer mon départ tant qu'eux-mêmes n'avaient pas fait un communiqué officiel... On n'aurait pas pu choisir un plus mauvais moment. » (Propos recueillis par Cindy Pearlman.)

Sarah se souviendra plus tard qu'en 1993, alors qu'une comédie étrange appelée *Buffy the Vampire Slayer* venait de sortir sur les écrans, sa maquilleuse, sur le plateau de *All My Children*, avait plaisanté sur sa ressemblance avec Kristy Swanson, l'actrice qui jouait le rôle-titre du film.

Sarah était peut-être destinée à être son incarnation plus jeune et plus branchée à la télévision.

FAITES PLACE À LA TUEUSE DE VAMPIRES

Dans *All My Children*, Sarah était très contente de jouer un personnage de sept ans plus âgé qu'elle. Dans une interview, elle disait d'ailleurs qu'on voyait souvent des adultes jouer des enfants, mais que le contraire était rarement vrai. « On n'écrit plus pour les enfants de nos jours. Ce sont toujours des adultes qui jouent le rôle de jeunes… Il y a pourtant des adolescents bourrés de talent qui pourraient faire aussi bien, voire mieux, mais on ne leur donne jamais leur chance. » (Propos recueillis par Michael S. Rush.) Plus tard, elle confiera au magazine *Daytime TV* qu'elle préfère de beaucoup la télévision de la journée à celle de la soirée. « Je ne critique pas tous ces gens qui préfèrent passer en prime time. Mais, à mon avis, les sitcoms de début de soirée ne sont pas beaucoup mieux que les autres de nos jours. Dans certains cas, même, on voit des gens plus talentueux en journée qu'en prime time. » Peut-être regrette-t-elle aujourd'hui ces paroles d'alors. Quoi qu'il en soit, on ne peut pas vraiment lui reprocher de les avoir dites. Après tout, elle n'avait pas encore rencontré Joss Whedon.

Whedon a commencé sa carrière comme scénariste pour la série *Roseanne*. Son grand-père avait déjà été scénariste pour la télévision dans les années 50 et 60, notamment sur des émissions comme *Mayberry RFD*, *The Donna Reed Show* et *The Dick Van Dyke Show*. Quant au propre père de Whedon, il avait lui aussi écrit des scénarios dans les années 70 et 80. Le premier film de Whedon fut l'étrange et déconcertant *Buffy the Vampire Slayer* (qui sortit alors que Whedon avait à peine vingt-sept ans). Le rôle principal était tenu par la blonde Kristy Swanson. Elle incarnait une jeune femme très volontaire qui découvre qu'elle a été élue pour débarrasser le monde des vampires. Donald Sutherland incarnait son ennuyeux Observateur, Luke Perry l'élu de son cœur, et Paul Reubens (alias Pee-wee Herman) un des vampires. Le film fit un flop et

Whedon expliqua ce désintérêt du public par le fait que le produit fini n'avait plus rien à voir avec son projet initial. Il avait voulu filmer une comédie noire dans laquelle l'appel entendu par Buffy aurait été une métaphore de la vie lycéenne. Mais le résultat fut une comédie très conventionnelle dont la plupart des scènes d'action et d'épouvante avaient été expurgées.

Pourtant, le talent de scénariste de Whedon ne resta pas inaperçu. Il devint le M. Bricolage de Hollywood et fut chargé d'épicer un peu les scénarios de films tels que *Speed*, *Waterworld* et *Twister,* avec des dialogues plus vivants (soulignons toutefois que son nom ne figure au générique d'aucun de ces films). Whedon obtint une plus grande reconnaissance en cosignant le très spirituel et hilarant *Toy Story*.

A peu près à la même époque, *Buffy the Vampire Slayer* sortit en vidéo, et les chiffres des locations de cassettes furent bien plus encourageants que ne l'avaient été ceux des entrées en salle. Buffy était en passe de devenir un film culte, ce qui n'échappa pas à ses producteurs. Fran Rubel Kuzui, le réalisateur, et Gail Berman, qui avaient tout de suite pensé en lisant le scénario qu'il y aurait matière à faire un excellent programme de télévision, contactèrent Whedon pour lui soumettre leur projet. Whedon se montra très intéressé. En tant que créateur de la série, premier scénariste, producteur exécutif et réalisateur occasionnel, il aurait enfin la possibilité de faire ce qu'il voulait de son concept original. Pour Kuzui, Berman et Whedon, la série sortait cinq ans après le film, donc les spectateurs feraient très bien la différence entre les deux œuvres. La chaîne Warner Brothers se montra intéressée par le projet, et les auditions débutèrent. La même semaine, Whedon était nominé aux Oscars pour sa contribution au film *Toy Story*.

Lorsque Sarah fut appelée par son agent pour cette nouvelle série dans laquelle une bande de lycéens combattaient des créatures démoniaques, elle accueillit la proposition avec enthousiasme, décidant d'emblée qu'elle devrait jouer le rôle de Buffy. Elle avait toutes les qualités requises : son expérience de comédienne et sa pratique du tae kwon do. Cependant, lorsqu'elle se présenta à l'audition, les responsables du casting, en voyant ses cheveux bruns et son teint pâle, lui firent lire un tout autre rôle. Pour eux, Sarah serait parfaite dans le personnage de la snob et dominatrice Cordelia, surtout après sa prestation très convaincante dans le rôle de Kendall. Sarah passa l'audition, mais insista pour qu'on la laisse essayer le rôle de Buffy. Elle obtint finalement ce qu'elle voulait.

Whedon se rappelle très bien ce moment. Sarah s'avança et montra immédiatement toutes les qualités de son personnage. Elle était drôle, forte, séduisante et mystérieuse. « Elle lut ses répliques à la perfection, se rappelle-t-il. Puis elle dit : “A propos, ce n'est pas marqué dans mon CV, mais j'ai pratiqué le tae kwon do pendant quatre ans et je suis ceinture marron.” J'ai alors pensé qu'elle était parfaite pour le rôle. » (Propos recueillis par Dale Kutzera.) D'après lui, Sarah avait dès cet instant décroché le rôle, mais Sarah garde un tout autre souvenir de cette journée. « Ce fut la pire expérience de ma vie, mais j'étais comme portée par les événements. »

A la suite de cette première audition, elle en passa encore cinq autres, ainsi que cinq bouts d'essai. Mais, finalement, elle réussit à s'imposer. Elle décrocha le rôle et fit ses valises pour Los Angeles. On tourna l'épisode pilote et la Warner Brothers fut convaincue : la série serait un succès.

Toutefois, il n'était pas prévu que *Buffy* serait diffusé au début de l'automne mais en milieu de saison pour remplacer une autre série qui n'aurait pas marché aussi bien que prévu. Les membres de l'équipe ne s'en plaignirent pas. Ils auraient ainsi plus de temps pour se préparer, et les acteurs plus de temps pour faire connaissance. A l'exception de Sarah et d'Anthony Stewart Head, ils étaient tous débutants, mais cela ne les empêcha pas de se mettre tout de suite dans le bain.

Personne ne savait encore si la série ferait une deuxième saison. Les acteurs donnèrent donc le meilleur d'eux-mêmes dans l'espoir de convaincre le public et les responsables de la chaîne. Joss Whendon écrivit les onze épisodes comme une longue histoire. « Le manuscrit », le dernier épisode de la saison, amenait une conclusion parfaite, si bien que les spectateurs pouvaient quitter les personnages en sachant que, même s'ils ne revenaient pas, il ne leur arriverait rien. Toutefois, Whedon avait intentionnellement laissé quelques trous ici et là qui serviraient de nouveaux points de départ si, par chance, la série était poursuivie.

La formule marcha tout de suite très fort, comme on peut le voir dès les premiers épisodes. Alex et Willow ont l'air de vieux amis et, si l'on sent par instants un peu d'inconfort du côté de Willow, on peut facilement l'attribuer à son attirance pour Alex. Cordelia est merveilleusement snob et Alex parfait dans son personnage de gaffeur. Buffy est sardonique à souhait mais se montre vulnérable dans certaines situations. Quant à Giles, il est le bibliothécaire bégayant qui semble déconcerté de voir que Buffy et ses amies préfèrent sortir avec des garçons plutôt que de pourchasser les vampires. Angel est ténébreux et l'on sent que Buffy et lui sont très attirés l'un par l'autre. Les acteurs étaient parfaits et ils étaient tous ravis de travailler avec Joss Whedon qui disait d'eux en plaisantant : « J'ai comme l'impression qu'ils ne me craignent pas assez. »

Sarah adorait son nouveau personnage, même si elle avait quelques problèmes avec les dialogues. Dans une interview accordée au magazine *Rolling Stone*, elle confiait : « Je dois encore demander à Joss : "Qu'est-ce que ça veut dire ?" parce que je ne maîtrise pas très bien tout son jargon. Je suis sûre qu'au moins la moitié de ces mots sont de son invention. » (Joss avoue qu'elle a raison.) *Buffy contre les vampires* se démarquait de toutes les autres séries du genre, parce que l'intrigue reposait sur une jeune femme indépendante. Dans le milieu des années 90, on a assisté à un déferlement de personnages de femmes très fortes à la télévision : Xena et sa compagne Gabrielle ont changé la face des feuilletons d'action ; Dana Scully, dans *X-Files*, est une femme intelligente et courageuse qui doit se battre contre des forces bien supérieures à elle et qui affirme ses convictions. Mais ces femmes avaient toutes passé le cap de l'adolescence, tandis que Buffy, en plus de pourchasser les vampires, doit encore s'accrocher à ses études au lycée. « Elle ne sait toujours pas si elle veut être pom-pom girl ou Tueuse de vampires, dit Sarah à propos de Buffy. Et c'est ce qui rend son personnage intéressant et convaincant. Buffy est un peu perdue. Elle ne sait pas vraiment à quel monde elle appartient et elle nous inspire de la compassion. » (Propos recueillis par Dale Kutzera.) Pour rendre son personnage encore plus crédible, Sarah se mit à pratiquer divers sports de combat et suivit un entraînement de gymnastique intensif.

Whedon savait qu'il avait fait le bon choix en la prenant et il n'hésitait pas à la comparer aux plus grandes actrices. Il fut ravi de voir comment elle avait transformé son personnage pour créer une Buffy qui n'avait plus rien en commun avec celle du film. « Bien qu'elle soit une Tueuse de vampires, dit-il, elle continue de vous faire partager toutes ses émotions, et ce n'est pas facile. Elle fait aussi très bien la moue. »

A mesure qu'avançait le tournage de la première saison, Whedon sut que sa vision originale était en train de prendre forme. Il insistait sur le fait que sa série ne traitait pas des problèmes du quotidien, comme la plupart des programmes conçus pour la jeunesse, mais que les sujets abordés, en dépit de tous les vampires et les démons, étaient directement inspirés des peurs de l'adolescence. Une opinion partagée par Sarah : « Les pires horreurs existent dans la réalité, confiait-elle au *New York Daily News*. Le sentiment d'être invisible, le rendez-vous avec un copain qui tourne au viol, ce sont des situations que les adolescentes comprennent et auxquelles elles peuvent s'identifier, parce qu'elles y sont confrontées dans leur vie de tous les jours. »

Quand on demandait à Whedon pourquoi les habitants de Sunnydale ne se posaient pas de questions sur les phénomènes étranges qui se produisaient dans leur ville, il répondait que sa série opérait selon le même principe que *Superman*. Dans

Superman, les gens voient un homme portant des collants rouges et une cape voler à travers le ciel et ils acceptent sa présence, tout comme les citoyens de Sunnydale acceptent les vampires. Anthony Stewart Head disait adorer ce côté imprévisible des scénarios de Whedon et ajoutait en plaisantant que les acteurs vivaient dans l'appréhension permanente de ce qui allait pouvoir leur arriver. « J'ai trouvé ça vraiment excellent quand, dans “Les hyènes”, il a liquidé le proviseur, disait-il récemment. A ce moment, j'ai su qu'il n'y avait aucune limite que Joss s'interdirait de franchir. » (Propos recueillis par Anthony C. Ferrante.)

Head n'était pas le seul à admirer le travail de Whedon. Lors de la diffusion du premier épisode, le 10 mars 1997, la série obtint un score d'audience de 3,4, selon l'institut Nielsen, ce qui signifie qu'elle avait été vue par 3 298 000 foyers. Ce fut un des meilleurs scores enregistrés par la chaîne. Whedon attribua ce succès immédiat à la campagne de publicité qui avait été organisée par la Warner Brothers pour promouvoir son lancement. D'épisode en épisode, Buffy devint le programme le plus regardé de la chaîne. Daniel Fienberg en fit une critique enthousiaste dans le *Daily Pennsylvanian* : « Moins minable que les séries de la Fox, et plus “speedé” que toutes les séries pour adolescents dont nous abreuvent depuis des années ABC, NBC et CBS, *Buffy* est (si je devais trouver un titre accrocheur pour un magazine télé) la meilleure série pour se marrer un peu si on n'a rien de mieux à faire. » Pour Joe Queenan, critique à *TV Guide* : « Il ne faut pas voir dans *Buffy* que le fantastique et la satire grotesque. Cette série est, parmi toutes celles que diffusent les télévisions actuellement, celle qui donne l'image la plus réaliste de ce qu'est la vie des adolescents d'aujourd'hui. » Tom Carson du *Village Voice* disait à propos de *Buffy* : « Aucun feuilleton télévisé n'a su mieux rendre les sentiments des adolescents... *Buffy* montre avec beaucoup de lucidité combien il peut être difficile d'acquérir son autonomie. » Selon Scott D. Pierce de *Deseret News* : « Buffy est la série TV la plus cool. » Quant à Thomas Hine du *New York Times*, il écrivait, en parlant du personnage de Buffy : « Dans les combats à mains nues, c'est la jeune femme la plus stylée depuis Diana Rigg jouant le rôle d'Emma Peel dans *Chapeau melon et bottes de cuir*. On n'avait pas vu ça depuis plus de trente ans. » Et il ajoutait ce commentaire : « L'adolescence était autrefois un thème de comédie, aujourd'hui, c'est un film d'horreur. » Dans *Saturday Night*, le critique canadien Mark Kingwell affirmait que Buffy était « une vraie héroïne TV des années 90 et que la performance athlétique de Gellar était un plaisir à regarder ». Et, compliment suprême, Howard Stern a dit à Sarah que « son jeu dans *Buffy* était parfait », en ajoutant : « C'est un des meilleurs moments que nous offre la télévision. »

Avec *Buffy*, Joss Whedon et son équipe tenaient la recette d'un grand succès.

LA NOUVELLE REINE DE L'ÉPOUVANTE

Par un étrange concours de circonstances, après s'être demandé pendant des mois quel accueil le public réserverait à *Buffy*, Sarah n'était pas à Los Angeles pour assister à la grande campagne de promotion organisée par la Warner Brothers. Quand la série connut une interruption de cinq mois entre la première et la deuxième saison, Sarah, pour meubler cette période d'inactivité, avait accepté de jouer dans un film d'épouvante écrit par le scénariste Kevin Williamson.

C'est à Williamson que l'on doit le renouveau du film d'horreur au cours des années 90, Williamson auquel un professeur de littérature avait prédit un jour qu'il ne ferait jamais carrière comme écrivain. Kevin avait d'abord fait une école de théâtre, mais il avait vite compris qu'écrire des rôles l'intéressait plus que de les jouer. Il réussit à vendre son premier scénario, malheureusement le film ne fut jamais tourné. Il fit donc des petits boulots : secrétaire particulier, promeneur de chiens... De cette période de sa vie, il a gardé le souvenir d'une chose étrange qui lui est arrivée une nuit alors qu'il était tout seul chez lui. Entendant un bruit dans la cuisine, il s'arma d'un couteau et appela sur son téléphone sans fil un ami qui se mit à lui poser toutes sortes de questions sur les films d'horreur des années 80. Cette situation surréaliste lui inspira un nouveau scénario qu'il écrivit en trois jours.

Scream fut acheté par la société Miramax et devint le plus grand film d'horreur de tous les temps. Ce film, interprété par Neve Campbell, Skeet Ulrich, Courtney Cox et Drew Barrymore, est une satire du film d'horreur dont il suit les conventions à la lettre pour mieux les tourner en dérision. Le public et la critique adorèrent. Les personnages imaginés par Williamson étaient différents, plus futés que ceux des films d'horreur. Williamson avait accordé un grand soin à l'écriture des dialogues qui s'adressaient aux ados des années 90. Comme il le dit lui-même : « Ces jeunes ont été nourris de culture pop. Ils en connaissent toutes les références, en décryptent tous les codes et ils ont en plus parfaitement intériorisé le jargon pseudopsychologique du *Self-help* des années 80. » (Propos recueillis par Michael Krantz.) Ses personnages ne s'effraient pas facilement. Quand le tueur l'appelle et lui dit qu'il est sous le porche, Sidney, l'héroïne de *Scream*, ouvre la porte d'entrée et sort pour lui montrer qu'elle ne le croit pas. Avec son style très mordant, Williamson, alors âgé de trente-deux ans, était très proche de Whedon. Il était donc inévitable qu'il choisisse Sarah Michelle Gellar pour incarner l'un de ses personnages.

Souviens-toi l'été dernier était interprété par Freddie Prinze Jr., Jennifer Love Hewitt, Ryan Phillippe et Sarah. Quand elle lut pour la première fois le scénario, Sarah ne fut pas convaincue par le rôle de Helen Shivers, la reine de beauté locale. L'idée de jouer cette blonde idiote ne lui plaisait pas beaucoup. Mais après avoir réfléchi au personnage, Sarah se dit qu'il avait en lui plus de profondeur qu'elle ne l'avait d'abord pensé, et elle accepta le rôle. Williamson eut d'emblée la même opinion sur elle que Whedon avant lui. « Tu sais, quand tu lui confies un rôle, qu'elle ne va pas passer son temps dans sa caravane à se plaindre de tout, dit Williamson. Elle ne va pas être là, à 3 heures du mat, les pieds nus dans un froid glacial, à refaire pour la dixième fois la même prise. » (Propos recueillis par Margy Rochlin.) Sarah s'installa en Caroline du Nord pour la durée du tournage et réalisa alors combien il était plus facile de tourner des films que des séries TV. Sur *Buffy*, elle travaillait pendant de longues heures car le tournage d'un épisode d'une heure devait être bouclé en huit jours. Alors qu'ils disposaient maintenant de deux mois entiers pour réaliser un film de deux heures, ils avaient donc tout le temps de revenir en arrière pour modifier ce qui ne leur plaisait pas. Sarah prit beaucoup de plaisir à tenir le rôle de Helen Shivers, parce qu'elle était une grande fan de films d'horreur. Elle avait vu toute la série des *Vendredi 13* et des *Halloween*. « Rien n'est comparable à cette montée d'adrénaline qu'ils te donnent, dit Sarah. Tu sais que c'est du cinéma, que rien de terrible ne va arriver. Tu as peur, mais en même temps c'est drôle. » (Propos recueillis par Jennifer Graham et Jeanne Wolf.)

Souviens-toi l'été dernier est une adaptation d'un roman de Lois Duncan. Quatre adolescents passent une soirée tranquille sur la plage. Sur le chemin du retour, ils renversent un piéton qui se trouve au beau milieu de la route. Paniqués, et pensant que la police les arrêtera pour conduite en état d'ivresse, ils chargent le corps à bord de leur voiture et vont le jeter dans un lac. Mais ce n'est que le début de leurs ennuis. Un an plus tard, celle qui était une brillante étudiante n'arrive même plus à obtenir la moyenne à ses examens. Le champion de foot a craqué et quitté son équipe. La reine de beauté, hantée par ce qui s'est passé, a renoncé à sa carrière d'actrice et se retrouve vendeuse dans le magasin que tient sa sœur. Le passé les rattrape quand tous commencent à recevoir de mystérieuses lettres sur lesquelles il est écrit : *« Je sais ce que tu as fait l'été dernier. »*

Ce film, bien que moins fin et profond que *Scream*, contient une bonne dose de suspense et d'hémoglobine. Le tueur, habillé en pêcheur, étripe ses victimes avec un grand crochet de boucher. A un moment, il poursuit Helen dans les rues jusqu'au magasin où elle travaille. Elle se met à frapper furieusement contre la vitre en suppliant sa sœur de lui ouvrir la porte. D'un pas nonchalant, celle-ci va chercher la clé et le suspense créé par Sarah frappant du poing contre la vitre est à vous couper le souffle. Le tournage de cette scène a cependant été difficile pour Sarah qui, depuis des mois, avait été conditionnée à se défendre. Au lieu de s'enfuir, elle ne cessait de se retourner vers le tueur pour le combattre. « Je frappais le type. Hop ! un crochet du droit, dit-elle en riant. Et Jim [Jim Gillespie, le réalisateur] qui était là à me crier : "Non, non, contente-toi d'agiter les bras !" » (Propos recueillis par Scott Roesch.) Sarah allait garder cette attitude combative plus tard, quand elle tournerait dans *Scream 2*. Cela faisait rire Wes Craven, le célèbre réalisateur de films d'horreur, qui lui disait : « Si tu tues le méchant, il ne pourra pas revenir pour tourner la suite. » (Extrait de « Q&A with Sarah Michelle Gellar ».)

Sarah a donc appris à s'enfuir devant les tueurs, ce qui posa bientôt un autre problème. Elle était trop athlétique pour une reine de beauté et elle distançait si bien les méchants qu'ils n'arrivaient plus à la rattraper. Le réalisateur eut alors l'idée de la percher sur des talons hauts et Sarah imagina de mettre des cailloux dans ses chaussures. Avec ces handicaps, elle fut bien obligée de ralentir. Quand elle fut habituée à ne plus se défendre, Sarah apprécia de jouer un personnage radicalement différent de celui de Buffy. « Je ne crois pas que Helen ait aucun des traits de caractère de Buffy. J'espère avoir pris assez de distance avec ce rôle pour que les spectateurs, en me voyant apparaître à l'écran, ne se disent pas : "Tiens, mais c'est Buffy !" » (Propos recueillis par Scott Roesch.)

© EVERETT COLLECTION

Freddie Prinze Jr., Sarah, Jennifer Love Hewitt et Ryan Phillippe dans le film de Jim Gillepsie *Souviens-toi l'été dernier*.

Dans la petite ville de Southport, en Caroline du Nord, où se déroulait le tournage rien n'était ouvert après 21 heures. Cette vie calme favorisa un rapprochement entre les acteurs de l'équipe. Sarah passait de longues heures à se promener dans les rues en compagnie de Hewitt. Pourtant, à mesure que le film avançait, ces promenades devinrent pour elles une source d'angoisse, parce que dès qu'elles apercevaient un pêcheur sous la pluie elles sursautaient, effrayées. La population de la ville ne regardait pas d'un bon œil cette équipe de cinéma qui venait bousculer ses habitudes. Peu à peu, les habitants adoptèrent un comportement de plus en plus hostile à leur égard.

Sarah est restée en contact avec Freddie Prinze Jr. qui est devenu un de ses plus proches amis. Elle avait aussi beaucoup d'admiration pour Ryan Phillippe, dont elle disait : « C'est un acteur tellement doué, que parfois, quand nous tournions, je le regardais jouer et j'oubliais de dire mon texte. » (Propos recueillis par Jennifer Graham et Jeanne Wolf.)

Entre-temps, dans le monde civilisé (c'est-à-dire dans celui des villes équipées du câble), *Buffy* connaissait un succès grandissant, et Sarah n'en savait rien. Les sites dédiés à la série et à ses stars fleurissaient sur Internet. A la fin de la première saison, on en comptait plus de quarante. Les affiches de Buffy étaient partout, dans le métro, sur les bus et sur les murs. Isolée à Southport, Sarah ignorait tout de cette fièvre. Pourtant un jour où elle se promenait à New York sous la pluie, elle remarqua que les gens continuaient de la reconnaître. « Mon mascara me dégoulinait sur les joues et les gens dans leur voiture klaxonnaient sur mon passage en me criant : "Salut, Buffy !" Je n'en croyais pas mes yeux. » (Propos recueillis par Bob Thompson.)

Le week-end de sa sortie, *Souviens-toi l'été dernier* fit une recette de seize millions de dollars, rattrapant presque son budget qui avait été de dix-sept millions de dollars. Pendant les six mois qu'il resta à l'affiche, le film rapporta à ses producteurs plus de soixante-dix millions de dollars.

Alors que se poursuivait le tournage de *Souviens-toi l'été dernier*, Williamson avait proposé à Sarah un petit rôle dans son prochain film, *Scream 2*. Beaucoup de jeunes acteurs à Hollywood auraient fait n'importe quoi pour jouer dans un film de Williamson, et Sarah, qui en était bien consciente, fut très flattée par cette proposition. Mais elle n'avait pas encore vu *Scream*. Une lacune qu'elle combla rapidement en allant découvrir le film au cinéma. « Je l'ai vu en compagnie de Charisma Carpenter et d'Alyson Hannigan qui jouaient avec moi dans *Buffy* et nous avons fait tellement de chahut pendant la séance que les gens qui étaient assis près de nous ont demandé qu'on leur rembourse leur place. » (Extrait de « Q&A with Sarah Michelle Gellar ».) Pour *Scream 2*, Sarah dut de nouveau déménager, à Atlanta cette fois. Elle fut un peu intimidée en apprenant que Neve Campbell jouerait dans le film. Il faut dire que les acteurs de *Buffy* suivaient religieusement la série *La vie à cinq*. Mais quand elle monta dans l'ascenseur avec l'équipe de *Scream 2* et que Neve se tourna vers elle pour lui dire que Jennifer Love Hewitt voulait l'entendre dire « Hé », Sarah sut que tout allait bien se passer. En fait, en apprenant le nom des autres acteurs qui seraient à l'affiche du

Cici Cooper (Sarah) est attaquée à son club dans *Scream 2*.

film, Sarah eut l'impression qu'elle se retrouvait dans une réunion de son lycée, car Jerry O'Connell et Rebecca Gayheart avaient fréquenté la même école qu'elle.

Dans *Scream 2*, Sarah jouait un tout petit rôle, mais cela lui convenait parfaitement, parce qu'elle devait de toute façon retourner en Californie pour y tourner la deuxième saison de *Buffy contre les vampires*. Dans le film, elle incarne une étudiante qui reçoit un coup de fil d'un tueur alors qu'elle se trouve seule dans le local de son club. Williamson avait pu apprécier le sens de l'humour très sarcastique de Sarah lorsqu'ils travaillaient ensemble sur *Souviens-toi l'été dernier*, et c'est spécialement pour elle qu'il avait concocté ce petit rôle. Bien que brève, l'apparition de Sarah à l'écran est un petit joyau de suspense. Williamson était présent lors du tournage de sa dernière scène. « Quand il m'a vue sur le plateau, se souvient-elle en riant, il m'a dit qu'il adorait ma façon de mourir. » (Propos recueillis par Louis B. Hobson.) Le tournage de *Scream 2* a été pour Sarah une expérience passionnante. C'était en effet la première fois qu'elle travaillait avec Wes Craven qui avait réalisé les films de la série *Les griffes de la nuit* Elle avoue avoir une grande admiration pour sa manière de travailler. « La plupart des réalisateurs placent des gars hors champ pour qu'ils fassent un bruit qui vous fera tourner la tête, explique-t-elle. Tandis que Wes cache des gens un peu partout pour qu'ils vous fassent peur. Et ça marche à merveille ! » (Extrait de « Q&A with Sarah Michelle Gellar ».) Il y a dans *Scream 2* une dose d'humour noir qui fait défaut à *Souviens-toi l'été dernier*, ce qui plaisait davantage à Sarah. Mais elle dit avoir aimé travailler sur ces deux films, parce que les personnages qu'elle y incarne sont tellement différents, mais aussi parce qu'ils lui ont donné la possibilité d'essayer tous les registres : drame, comédie, horreur et action. « Un vrai rêve d'acteur », dit-elle. (Propos recueillis par Jeanne Wolf.) Pas étonnant après ça qu'elle ait tellement apprécié de participer à *Buffy contre les vampires*.

Scream 2 a fait trente-trois millions de dollars de recettes le week-end de sa sortie, le meilleur chiffre jamais réalisé par Miramax et aussi le meilleur dans toute l'histoire du cinéma pour une sortie en décembre. Dans le premier mois seulement, le film a fait plus de quatre-vingt-seize millions de dollars de recettes, et le 26 avril 1998, lors de sa deuxième sortie en salles, ses recettes dans le monde se sont élevées à cinquante millions de dollars. Sarah venait de tourner dans les deux plus grands films d'horreur de toute l'histoire du cinéma. Comble de bonheur, quand elle rentra à Los Angeles, elle réalisa qu'elle était aussi dans l'une des séries télévisées les plus populaires du moment. Plus rien ne pouvait désormais arrêter son irrésistible ascension.

Voyant le succès remporté par la première saison de *Buffy*, la Warner Brothers permit à Whedon de donner libre cours à son imagination. Les situations devinrent plus profondes, les personnages et leurs relations furent développés, et, surtout, le groupe des acteurs devint un des plus soudés et des plus forts de la télévision. Le premier épisode montrait une Buffy emportée, déprimée et déroutée, donnant le ton d'une seconde saison qui allait explorer plus profondément les relations entre les personnages et qui introduirait une plus grande continuité entre les épisodes que la précédente. Les problèmes auxquels sont confrontés les lycéens dans leur vie de tous les jours seraient aussi traités plus sérieusement que dans la première saison. Et comme la série avait une audience très féminine, on insista davantage sur la force et sur l'intelligence de Buffy. « Le problème, au lycée, dit Sarah, c'est que les individualités ne peuvent s'exprimer. *Buffy* montre aux filles qu'elles ont le droit d'être différentes. » (Propos recueillis par Jose Martinez.)

La nouvelle formule a bien fonctionné, et les scores d'audience ont continué de grimper. De semaine en semaine, les téléspectateurs se mirent à suivre l'évolution des relations entre Buffy et Angel. Le visage des vedettes de la série était de plus en plus connu du public. Grâce à ses deux films et à la série, Sarah était devenue l'une des jeunes actrices de télévision les plus populaires. Elle était la preuve vivante que Hollywood commençait enfin à écrire des rôles réalistes pour les gens de son âge, au lieu des caricatures que l'on avait connues jusque-là. « Ce que Kevin a fait avec ses scénarios, et ce que Joss a fait pour moi dans *Buffy*, dit-elle, c'est de créer des personnages tridimensionnels, des êtres humains qui font des erreurs, des bons et des mauvais choix, qui ont des défauts. » (Propos recueillis par Scott Roesch.) Dans les débats télévisés, on commençait à s'arracher les acteurs de la série.

La gloire n'a pourtant pas que des avantages. Sarah était habituée depuis longtemps à se démultiplier mais, maintenant, elle ne savait plus où donner de la tête. Elle avait commencé le tournage de la deuxième saison de *Buffy* alors qu'elle n'avait pas terminé celui de *Scream 2*. Or elle devait en plus répondre aux invitations des émissions de télévision et accorder des interviews aux journaux. L'une de ses anecdotes préférées, qu'elle raconte dans plusieurs de ses interviews, est la suivante : un beau matin, alors qu'elle se rendait au studio dans sa voiture décapotable, elle remarqua que les gens dans la rue la regardaient. Pensant qu'ils avaient dû la reconnaître, elle ne se posa pas plus de questions que ça. Mais les regards devenaient de plus en plus insistants, jusqu'à ce que, baissant les yeux, elle s'aperçoive qu'elle ne portait qu'un slip. Elle était tellement fatiguée qu'elle avait oublié de mettre sa robe. A ce moment-là, elle a compris qu'elle avait besoin de repos. Pour autant, elle ne se laisse pas abattre. « C'est vrai que je n'ai pas de vie en dehors de mon travail, dit-elle avec résignation. Mais combien d'autres filles ont la chance de gagner leur vie en libérant leurs démons ? » (Propos recueillis par Cindy Pearlman.)

Le 17 janvier 1998, Sarah participa à l'émission *Saturday Night Live* dont les scores d'audience étaient alors plutôt en chute libre. Elle se montra à cette occasion plus drôle et plus sarcastique que jamais. Elle arriva à rendre hilarants des sketches qui, sans elle, auraient été complètement plats. Dans une parodie de *Buffy* essayant d'obtenir le créneau horaire laissé libre par *Seinfeld*, Sarah fit une imitation parfaite de Julia Louis-Dreyfuss dans le rôle d'Elaine. Dans un autre sketch, elle joua le rôle d'une animatrice au look gothique qui présente sa propre émission sur une chaîne câblée et qui essaie de cacher un passé honteux de fan d'un groupe pop ringard.

Dans la semaine qui suivit l'apparition de Sarah dans le *Saturday Night Live*, les scores d'audience de *Buffy* passèrent la barre des quatre millions de foyers. Dans la quinzaine suivante, ils s'envolaient au-dessus des cinq millions. C'était la consécration pour la série. Pour couronner le tout, *Buffy* remporta trois Petcabus Awards, un prix qui récompense les émissions jugées mésestimées : le Petcabus d'or de la meilleure émission la plus mésestimée, ainsi que celui de la meilleure distribution et celui du meilleur personnage récurrent (Drusilla, incarnée par Juliet Landau). Le 10 mars 1998, Sarah se vit décerner le Blockbuster Award de la meilleure actrice de film d'horreur pour son rôle dans *Souviens-toi l'été dernier*.

L'avenir s'annonce plutôt bien pour Sarah Michelle Gellar. Elle est à l'affiche du film *Sexe Intentions*, version modernisée des *Liaisons dangereuses*, avec pour partenaire à l'écran Ryan Phillippe. Elle est également l'une des interprètes de *Vanilla Fog*, dans lequel elle joue une jeune femme supposée posséder des pouvoirs magiques. Elle vient aussi de prêter sa voix à une poupée dans le film d'animation *Small Soldiers*.

Sarah a fait la preuve qu'elle n'était pas une enfant star mais bien une actrice. Elle a joué dans deux grands succès cinématographiques et dans l'une des séries les plus populaires du moment. Est-ce qu'elle risque d'être classée à jamais dans la catégorie des héroïnes de films d'horreur ? C'est peu probable car, dans le passé, elle a joué des personnages très variés. Mais même si c'était le cas, Sarah n'a pas l'air de s'en soucier.

Ce que nous pouvons d'ores et déjà prédire, c'est que Sarah sera toujours une femme très active, accomplissant un million de tâches à la fois avec une extrême précision. Cette perspective, pourtant, ne l'effraie pas. Comme elle l'a confié au magazine *Rolling Stone* : « Si tu veux que quelque chose soit fait, demande à une personne occupée de s'en charger. Ce sera mon épitaphe. »

LE RESTE DE LA BANDE

Biographie des acteurs de *Buffy contre les vampires*

La grande force de Buffy contre les vampires, *ce n'est ni le scénario, ni la réalisation, ni même les métaphores qui sous-tendent chaque épisode, c'est la distribution choisie par Joss Whedon. Exception faite de Sarah Michelle Gellar et d'Anthony Stewart Head, les acteurs de* Buffy *ont très peu d'expérience. C'est peut-être pour cette raison que l'ensemble fonctionne si bien. Le public ne peut les associer à aucun personnage qu'ils auraient déjà incarné. Ce chapitre vous présente une brève biographie des principaux personnages de la série.*

ANTHONY STEWART HEAD (RUPERT GILES)

Bien que peu connu du public américain, Anthony Stewart Head a derrière lui une carrière d'acteur bien remplie. Né le 20 février 1954 à Camden, en Angleterre, Anthony Stewart Head n'a rien en commun avec son personnage, le très guindé Rupert Giles. Il a travaillé pour le cinéma, le théâtre et la télévision, mais les téléspectateurs américains et britanniques le connaissent surtout pour sa participation à divers films publicitaires pour Nescafé et Taster's Choice. La campagne Taster's Choice a d'ailleurs pris à la longue des allures de soap

Anthony Stewart Head.

opera. On y voit une jolie jeune femme aller frapper chez son voisin pour lui demander un peu de café. Le voisin en question s'avère être un séduisant Anglais, qui n'est autre qu'Anthony. Une histoire d'amour naît entre eux pendant qu'ils dégustent une tasse de café. On voit ensuite un fils et un ex-mari faire leur apparition. Cette campagne eut un excellent impact. En quelques mois, la société Taster's Choice augmenta ses ventes aux Etats-Unis de dix pour cent. Mais la carrière d'Anthony a connu des moments beaucoup plus prestigieux. Il a joué au théâtre dans de nombreuses pièces et comédies musicales, dont le célèbre *Rocky Horror Picture Show*. C'est d'ailleurs dans le rôle de Frank N. Furter que ses fans le préfèrent. Il est vrai qu'il était très sexy dans ses collants à résille, avec sa perruque et son maquillage de Drag Queen. Quand il descendait sur

Ci-dessus : David Boreanaz, le premier arrivé à la fête, reçoit un gros poutou de Seth Green…
Ci-dessous : …et il en donne un autre à Alyson Hannigan.

Ci-dessus : Sophia Crawford, qui double Sarah Michelle Gellar dans les cascades, en compagnie de son fiancé Jeff Pruitt, le coordinateur des cascades dans *Buffy*.

Ci-dessous : Joss Whedon, le génial créateur et grand maître de *Buffy*, arrive à la fête.

© KARRI PHILLIPS

Ci-dessus : Anthony Stewart Head discute avec un fan.

Ci-dessous : Nicholas Brendon (à droite) essaie de convaincre David Boreanaz de danser avec lui.

© KEITH MILLER

© KARRI PHILLIPS

Ci-dessus : David danse devant une foule en délire sous le regard hilare de Nicholas.
Ci-dessous : Pouvez-vous vous contorsionner de cette façon ?

© KEITH MILLER

Ci-dessus : Alyson Hannigan et Seth Green, de grands amis à la ville comme à l'écran.

Ci-dessous : Jeff et Sophia tordus de rire regardant Nicholas et David exécuter leur pas de deux.

Ci-dessus : Anthony, Nicholas, David et Seth jouent les vampires autour d'une Alyson en victime plutôt consentante.

Ci-dessous : David attendant de converser par Internet avec ses fans.

Ci-dessus : Nicholas qui a charmé tout le monde à la fête pose avec une fan.
Ci-dessous : David serre Alyson sur son cœur.

© ERIKA ROTTLER

Ci-dessus : Combien seriez-vous prêt à payer pour être à la place de cette fan si bien entourée ?

Ci-dessous : La bande adresse un petit bonjour aux membres du forum qui n'ont pas pu se joindre à la fête.

© SAMUEL

scène en chantant *Sweet Transvestite* et *I Can Make You a Man*, c'était le délire dans la salle. (Vous pouvez l'entendre chanter *Sweet Transvestite* sur Internet. Quelle voix !) L'aptitude pour le chant tient de famille chez les Head. Murray Head, le frère d'Anthony, a fait un tube en 1984 avec sa chanson *One Night in Bangkok*.

C'est en travaillant sur ce spectacle que Tony, croyez-le ou non, a développé ce jeu subtil qui rend son personnage dans *Buffy* si convaincant. Si vous avez déjà vu le *Rocky Horror Picture Show*, vous devez savoir qu'il s'agit d'un spectacle pour le moins interactif. Quand Frank N. Furter, le savant fou et travesti, monte sur scène, le public l'interpelle, chante en chœur avec lui et, parfois même, lui jette toutes sortes de choses bizarres (bien qu'en général ce genre de manifestation soit réservée aux salles de cinéma). Frank, en retour, doit abreuver le public d'injures. Anthony nous a confié en riant qu'il avait dû apprendre un tas de nouveaux jurons quand il répétait pour ce spectacle, et qu'il avait toujours mis un point d'honneur à répondre à toutes les invectives. « Le spectacle pouvait durer des heures, parce que je répondais à tout ! confesse-t-il. Jusqu'au jour où on m'a dit : "Anthony, il faut que tu en laisses passer !" C'est alors que j'ai mis au point ce "regard". Avec lui, je pouvais fusiller un braillard à l'autre bout de la salle. Ça me procurait une telle impression de puissance ! » (Propos recueillis par Cynthia Boris.)

Anthony a joué dans de nombreuses productions de la BBC et dans plusieurs films, dont *L'Irlandais* et une adaptation de *L'amant de lady Chatterley*. En 1992, il s'est installé aux Etats-Unis où il a travaillé dans plusieurs séries télévisées. La première à laquelle il ait participé était *Highlander*. Il s'est ensuite vu offrir le rôle d'Oliver Sampson dans la série de science-fiction *VR5*. Une femme découvre qu'elle a le pouvoir d'accéder à l'inconscient des personnes qui l'entourent grâce à la réalité virtuelle. Elle voyage dans plusieurs niveaux de réalité virtuelle jusqu'à atteindre le niveau 5, où elle peut altérer le comportement d'une personne et modifier le cours des événements. Sampson est à la tête du Comité, une organisation mystérieuse qui emploie cette femme pour diverses missions périlleuses aux objectifs discutables. Jouer le rôle du méchant était inhabituel pour Anthony, même s'il avait déjà incarné ce type de personnages dans des films et des séries. *VR5* n'a duré qu'une saison. Anthony a ensuite joué dans un épisode de *New York Police Blues*.

Pour avoir travaillé en Angleterre et aux Etats-Unis, Anthony a pu constater que le métier d'acteur ne se concevait pas de la même façon de part et d'autre de l'Atlantique. « En Angleterre, la formation des acteurs est plus technique. » (Propos recueillis par Mitch Persons.) « Aux Etats-Unis, on est plus réaliste », dit-il, et il ajoute préférer désormais une approche plus psychologique du jeu d'acteur. Par exemple, se rouler par terre pour montrer qu'il vient d'être rossé plutôt que d'afficher un visage tuméfié fabriqué pour l'occasion par les maquilleuses. Il confie en riant : « Alyson Hannigan ne cesse de me rappeler le jour où, alors qu'elle retirait un mouton de ma veste, j'ai aboyé : “Ne touche pas à ce truc ! J'ai passé une heure à le mettre en place exactement comme il fallait.” » (Propos recueillis par Cynthia Boris.)

En 1997, quand on lui proposa d'incarner Rupert Giles dans une nouvelle série qui s'intitulerait *Buffy contre les vampires*, Anthony n'eut pas à réfléchir longtemps avant d'accepter le rôle. « En lisant le script, j'étais plié de rire et je me suis dit que cette série allait marcher, se souvient-il. J'adorais le concept. Les Anglais sont habituellement employés dans des rôles de méchants et d'idiots coincés, mais Giles était différent de ces stéréotypes. » (Propos recueillis par Cynthia Boris.) Ce qu'il aime, chez Giles, c'est que, malgré toute son érudition, il a souvent l'air d'un daim pris dans les phares d'une voiture quand il se trouve confronté à des situations difficiles. Les autres acteurs de *Buffy* apprécient chez Anthony le fait qu'il soit si différent de Giles dans la vie. Peut-être l'avez-vous remarqué, Giles porte un anneau à l'oreille gauche. En général, le trou est habilement dissimulé par l'équipe de maquillage. Toutefois, dans le jeu de *Buffy contre les vampires*, sur Internet, on marque un point chaque fois qu'on peut apercevoir ce trou dans le lobe de l'oreille de l'Observateur.

Quand il ne tourne pas à Los Angeles, Anthony vit dans sa maison du Somerset, en Angleterre, avec Sarah, sa compagne depuis de longues années, et leurs deux filles, Emily Rose et Daisy May.

Anthony a son propre fan-club qui accepte actuellement de nouveaux membres. Pour vous y inscrire, envoyez l'équivalent de 18 livres en dollars à :

Sonja Isaacs — ASHFC
10725 20th Ave NE
Seattle, WA 98125

Précisez votre adresse de courrier électronique, si vous en possédez une. Si vous êtes connecté à Internet, vous pouvez également demander un formulaire d'inscription à Sonja en lui envoyant un message à gaspers@eskimo.com. Une fois inscrit, vous recevrez la lettre d'information du fan-club, ainsi qu'un portrait dédicacé d'Anthony. Cette adhésion vous permettra d'entrer en contact avec d'autres fan-clubs partout dans le monde et d'être tenu informé des concours pour lesquels Anthony offre des prix signés de sa main. N'adressez pas votre courrier destiné à Anthony au fan-club, mais à l'adresse qui vous est donnée à la fin de ce chapitre.

ALYSON HANNIGAN (WILLOW ROSENBERG)

Bien que son CV ne soit pas aussi impressionnant que celui de Sarah Michelle, Alyson Hannigan a débuté sa carrière au même âge que sa compagne dans *Buffy*. Alyson est née à Washington DC le 24 mars 1974, mais elle a grandi à Atlanta. Ses parents étaient photographes. Quand ils avaient besoin d'un bébé pour une de leurs photos, ils utilisaient leur fille. « Quand j'ai été assez grande pour savoir ce que je faisais, se souvient Alyson, ma mère m'a demandé si j'aimerais faire de la publicité et j'ai accepté avec enthousiasme. » (Propos recueillis par Judy Sloane.) Alyson n'avait que quatre ans à l'époque, mais elle a pris tant de plaisir à tourner dans des films publicitaires qu'elle a décidé de se consacrer à plein temps à la télévision. Elle a joué dans plusieurs séries, dont *Picket Fences*, *Les anges du bonheur, Almost Home, La famille Torkelson* et *Roseanne.*

© FITZROY BARRETT/GLOBE PHOTOS

Alyson Hannigan à la première d'un film.

1988 fut pour elle l'année de la consécration car, après avoir tourné aux côtés de Seth Green dans le film de Dan Ackroyd *J'ai épousé une extraterrestre*, elle s'est vu proposer le rôle de Willow Rosenberg dans *Buffy contre les vampires*. C'est d'abord une de ses amies qui lui avait parlé de ce rôle en lui disant qu'il serait parfait pour elle. « Quand il a lu le script, mon agent m'a fait une analyse très juste du personnage. Il m'a dit un truc dans le style : "C'est une grande timide qui rase les murs et porte encore les robes que lui choisit sa mère." » Pourtant, obtenir le rôle n'a pas été une mince affaire. Au début, Alyson n'a même pas pu décrocher une audition. On avait choisi pour incarner Willow une autre actrice qui tourna dans le petit film de trente minutes qui devait servir à vendre la série à la Warner Brothers. Mais quand le projet fut accepté, les producteurs décidèrent d'attribuer le rôle de Willow à quelqu'un d'autre. C'est alors qu'on appela Alyson.

Comme Sarah, Alyson se rappelle très bien ses nombreuses auditions. A la fin, il ne resta plus qu'elle et une autre actrice néo-zélandaise. Lors de la dernière audition, il était prévu qu'elle donnerait la réplique à Nicholas Brendon et à Sarah Michelle Gellar pour voir si le courant passait entre eux. Elle se rappelle ce moment avec une certaine horreur, parce qu'elle n'arrivait pas à prononcer les termes d'informatique. Ce fut un désastre. Elle était persuadée que le rôle serait attribué à l'autre concurrente. Mais Joss Whedon vint la trouver et lui dit que, même si elle avait un peu pataugé, elle dégageait quelque chose que sa rivale n'avait pas. Quelques jours plus tard, on lui confiait le rôle.

Quand elle commença dans la première saison, elle se sentit d'abord un peu isolée. Les autres acteurs avaient eu le temps de faire connaissance pendant l'été, alors qu'elle venait juste de débarquer. Elle s'est cependant rapidement liée d'amitié avec Sarah et Nicholas. Peu à peu, elle s'est intégrée dans l'équipe et elle était ravie que tout se passe aussi bien. Alyson se sent très différente de son personnage. Elle serait incapable de pirater un système informatique, même si sa vie en dépendait. Cependant elle trouve que Willow et elle ont le même sens de l'humour.

Whedon n'a jamais regretté son choix. « Alyson donne à

l'amour de Willow pour Alex le caractère d'une passion muette qui ne sera jamais payée de retour. Là où une autre actrice aurait pu avoir un jeu trop évident, Alyson sait rester sobre et en cela elle est très juste. » (Propos recueillis par Mitch Persons.)

Willow ne fait pas partie des filles populaires du lycée et sa timidité la rend différente de Buffy et d'Alex. Alyson sait rendre cette timidité avec beaucoup de talent. « Je voulais qu'on devine en Willow ce monde intérieur riche et un peu dingue que les vrais timides portent souvent en eux, explique Whedon. Alyson a su trouver le ton juste. Il y a incontestablement cette espèce de folie douce quand elle parle par la bouche de Willow, et je trouve ça fabuleux. Tous les acteurs de *Buffy* sont très convaincants dans leur personnage, mais Alyson, à mon avis, l'est un peu plus que les autres. »

DAVID BOREANAZ
(ANGEL)

David Boreanaz est né le 16 mai 1971 à Buffalo, New York. Son père, David, est un célèbre présentateur météo à Philadelphie et sa mère, Patty, travaille dans une agence de voyages. David a grandi avec ses deux sœurs. Au lycée, il voulait devenir footballeur professionnel. Mais malgré son talent pour ce sport, une blessure au genou l'obligea à renoncer à cette carrière. Ce qu'ignoraient les autres joueurs de son équipe, c'était que David nourrissait une véritable passion pour le théâtre depuis qu'il avait accompagné ses parents à une représentation de la pièce *The King and I* avec Yul Brynner quand il avait huit ans. « J'étais assis au troisième rang et j'étais subjugué par son jeu, dit David. Quand je suis sorti de la salle ce jour-là, j'ai su que je voulais devenir acteur. » (Extrait du forum Internet, « *Buffy the Vampire Slayer's* David Boreanaz ».)

David a fait ses études au collège Ithaca de New York et c'est là qu'il a pris la décision de se lancer dans la carrière d'acteur. Son diplôme en poche, il partit pour Hollywood où il fit toutes sortes de petits boulots alimentaires tout en tournant dans des spots publicitaires. Un de ses jobs à l'époque consistait à garer les voitures des clients pour le compte d'un grand hôtel. Des années plus tard, sur le plateau d'une émission de divertissement, il racontera que, quand on lui confiait une voiture, il la conduisait très calmement devant son propriétaire mais que, dès qu'il arrivait dans le garage, il faisait des courses avec ses copains.

Avant de tourner dans *Buffy,* David n'avait incarné qu'un seul rôle dans une série télévisée, celui du petit ami de Kelly Bundy dans un épisode de 1993 de *Mariés, deux enfants*. Trois années passèrent ensuite, pendant lesquelles David se tourna vers le théâtre. Un jour, alors qu'il jouait avec son chien, Bertha Blue, un imprésario vint lui parler et lui demanda s'il voulait être acteur. Quand David répondit qu'il en était déjà un, l'homme lui annonça qu'il avait un rôle parfait pour lui. Vous connaissez la suite de l'histoire.

C'est de Nicholas Brendon qu'il se sent le plus proche, mais il aime beaucoup travailler avec les autres membres de l'équipe. Il est très ami à la ville avec Sarah Michelle Gellar. En riant, il nous confie : « Quand nous devons faire une scène de baiser, nous nous amusons à nous dégoûter mutuellement en mangeant avant le tournage des trucs du genre beignets de crevettes ou sandwichs au thon. » (Propos recueillis par Marc S. Malkin.) Son masque de vampire ne semble pas le gêner, bien qu'il faille quatre-vingts minutes pour le mettre et quarante minutes pour le retirer. Pour lui, c'est comme un masque de farces et attrapes. « La différence, c'est qu'il faut appliquer un maquillage pour cacher les contours. C'est cette étape qui prend beaucoup de temps... Ensuite, je mets mes lentilles de contact et mes fausses dents, et c'est parti. » (Extrait du forum Internet, « *Buffy the Vampire Slayer's* David Boreanaz ».)

Ses parents sont très fiers de lui et David apprécie beaucoup

David tel qu'il apparaît sur la photo du livre de classe de son année de terminale.

le soutien qu'ils lui apportent. « L'une des meilleures choses qui puissent t'arriver dans la vie… c'est de voir que tes parents sont fiers de toi. C'est une bénédiction. J'ai beaucoup de chance d'avoir une famille comme la mienne. » (Propos recueillis par Regis et Kathie Lee.)

David lit tout le courrier que lui envoient ses fans et répond à certaines lettres. Il lui est même arrivé d'appeler des admiratrices au téléphone pour leur faire la surprise. Il aime les femmes intelligentes. « J'aime les filles avec qui on peut parler musique, poésie, littérature. » (Propos recueillis par Marc S. Malkin.) Toutefois, si vous caressez l'espoir d'être la prochaine femme dans la vie de David, sachez que la place est déjà prise. David est en effet marié à Ingrid. Ils forment un couple très uni, mais nous ne savons rien de plus, car David protège sa vie privée. Il ne revient toujours pas de la chance qu'il a eue d'être pris dans *Buffy*. « Ce fut un cadeau du ciel, mais je dois en mesurer la valeur et continuer à travailler dur. » (Propos recueillis par Marc S. Malkin.)

CHARISMA CARPENTER (CORDELIA CHASE)

Née le 23 juillet 1970, Charisma dit qu'elle tient son prénom d'un parfum Avon au flacon très kitsch (extrait de « Charisma Carpenter Star Chat »). Elle a grandi à Las Vegas dans un foyer où la discipline était très stricte, à tel point que ses amies avaient surnommé sa maison « Alcatraz ». Mais, malgré la surveillance de ses parents, Cordelia trouvait le moyen de faire des bêtises. « La nuit je sortais en douce pendant qu'ils dormaient pour aller rejoindre mes copines. » (Extrait de « Q&A with Charisma Carpenter ».) Il y avait néanmoins beaucoup d'amour dans sa famille. Aujourd'hui, quand on demande à Charisma quels sont ses buts dans la vie, elle répond invariablement que ce qu'elle veut avant tout, c'est se marier et avoir des enfants.

A la différence de la pimbêche qu'elle incarne à l'écran, Charisma se révèle au gré des interviews une jeune femme charmante et douce. Dans le *Keenan Ivory Wayans Show*, elle a piqué un fou rire en se rappelant qu'enfant elle faisait partie d'une chorale de jeunes chanteurs (espérons que *The Greatest Love of All* n'était pas inscrit à leur répertoire). Elle a aussi participé à des concours de beauté pour enfants, mais elle insiste bien sur le fait que ses parents étaient très différents de ceux des autres filles et qu'ils lui ont toujours affirmé

Charisma Carpenter à Los Angeles assistant à la première du film *Alien, la résurrection*.

qu'elle pouvait arrêter quand elle le voudrait. Au lycée, Charisma était pom-pom girl. Cela lui a tellement plu qu'en 1991 elle devint majorette professionnelle pour les San Diego Chargers.

Jusqu'à l'âge de vingt ans, elle a exercé divers métiers : vendeuse dans un club vidéo, serveuse, professeur d'aérobic, pour finalement décider de devenir actrice. Elle a tourné dans plusieurs films publicitaires avant de partir pour Los Angeles. Sa première impression de la Cité des Anges n'a pas été très bonne, car elle est malheureusement arrivée pendant les émeutes qui ont mis la ville à feu et à sang. « Le jour de mon arrivée, la pagaille était telle que les autorités avaient instauré un couvre-feu. Il n'y avait rien à manger dans l'appartement, il fallait donc que je trouve un supermarché. Je suis sortie de l'immeuble, et à peine avais-je tourné le coin de la rue que je vois des voitures incendiées et des types qui courent partout avec des fusils à canon scié, a-t-elle confié au présentateur Keenan Ivory Wayans. J'ai eu si peur que j'ai enclenché la marche arrière et que je suis retournée dans le garage. Ce soir-là, j'ai dîné d'un potage en boîte. »

A Los Angeles, Charisma a encore tourné dans plusieurs publicités et, très vite, ce qui n'étonnera personne, elle a été remarquée et s'est vu proposer des rôles importants dans *Alerte à Malibu* et dans *Pacific Blue*. De là, elle a remporté le rôle d'Ashley Green dans un feuilleton de la Fox intitulé *Couleur Pacifique*. Quand elle a auditionné pour *Buffy contre les vampires*, elle avait assez peu d'expérience. Pourtant, tous les fans vous le diront, on ne pourrait plus imaginer aujourd'hui Cordelia sous d'autres traits que ceux de Charisma. Elle a su se mettre dans la peau de son personnage dès le premier épisode et le faire évoluer pour le rendre plus attentif aux autres, bien que toujours très égocentrique. Même si elle se défend de ressembler à son personnage, Charisma dit aimer l'assurance de Cordelia et son franc-parler.

A la différence d'autres acteurs, Charisma ne cherche pas à avoir un agenda toujours rempli. De toute façon, elle n'a pas beaucoup de temps libre. C'est une perfectionniste. De son travail sur *Buffy*, Charisma dit : « Je passe une bonne partie de la nuit à répéter mes répliques pour qu'elles me viennent naturellement. » (Extrait de « Charisma Carpenter Star Chat ».) Elle trouve sensationnelle toute l'attention que reçoit Sarah et n'est pas du tout jalouse de sa partenaire à l'écran, qui, après tout, a beaucoup plus d'expérience qu'elle. En fait, parce qu'elle reçoit moins de courrier, elle est capable de répondre à tous ses fans. Mais elle fait confiance à sa bonne étoile et sait qu'un jour elle aura la vedette. « Je crois en moi. Cela arrivera quand ça devra arriver, et pas avant. »

NICHOLAS BRENDON (ALEX HARRIS)

Le jour de sa naissance, Nicholas Brendon a reçu un cadeau qui n'est pas offert à tout le monde : un jumeau, Kelly. Nés le 12 avril 1971, les deux frères étaient inséparables et demeu-

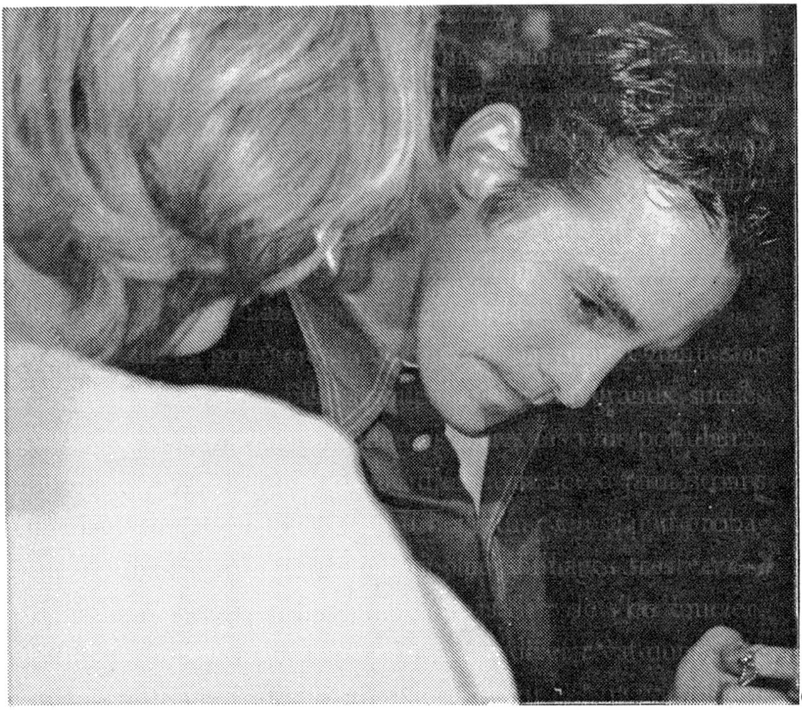

© SAMIEL

Nicholas Brendon signe un autographe pour une admiratrice.

rent aujourd'hui encore les meilleurs amis du monde. « J'avais toujours un compagnon de jeux, dit Nick à propos de Kelly. J'avais toujours quelqu'un à qui me confier, à qui parler, ou simplement quelqu'un avec qui me battre. » (Extrait de « Q&A with Nicholas Brendon ».) Ses parents ont divorcé alors qu'il était très jeune et cette épreuve a contribué à le rapprocher encore de ses frères (il a aussi deux cadets).

Enfant, Nick était affecté d'un bégaiement qui lui a valu d'être l'objet de nombreuses plaisanteries, surtout au lycée. C'est d'ailleurs l'une des raisons pour lesquelles il a tellement aimé le scénario *de Buffy contre les vampires.* « Pour beaucoup de gens, les années de lycée ne sont pas une partie de plaisir, dit-il. Ce serait même plutôt comme une peine de prison. En Israël, on t'oblige à entrer dans l'armée. Aux Etats-Unis, tu dois aller au bahut. » (Propos recueillis par Rob Owen.) En plus de son bégaiement, Nick était affligé d'un problème d'acné (une affection dont personne ne semble souffrir dans *Buffy*) qui le complexait à tel point qu'il ne voulait plus sortir. Mais il se rappelle les paroles optimistes que lui disait sa mère à l'époque : « Nick, aime tes boutons, adore-les, embrasse-les. Ces boutons signifient que tu as la peau grasse et qu'en vieillissant tu ne te rideras pas. » « J'ai maintenant vingt-sept ans, dit Nicholas, et je joue le rôle d'un garçon qui en a dix-sept. Maman avait raison. » (Extrait de « Q&A with Nicholas Brendon ».)

Après le lycée, il a travaillé comme réceptionniste pour un agent artistique, puis comme serveur. Il a fait une année de préparation à la faculté de médecine, mais il savait que le plus important pour lui était de se débarrasser de son bégaiement. C'est pourquoi il décida de se tourner vers une carrière totalement incompatible avec son problème. Il allait devenir acteur. Il lui fallut plus de quatre ans pour vaincre son handicap mais, quand il y parvint enfin, ce fut pour lui la plus grande victoire de sa vie.

Il partit pour Los Angeles. Il eut d'abord beaucoup de mal à trouver du travail. Il décrocha quelques petits rôles dans des émissions pour la télévision et dans des films, mais la gloire n'était pas encore au rendez-vous. Toutefois, son CV donnait une tout autre impression de lui. « Il était assez mensonger, avoue Nicholas aujourd'hui. J'avais tourné une journée dans *Les feux de l'amour*, mais sur mon CV j'ai écrit que j'avais participé à plusieurs épisodes et que je travaillais régulièrement sur cette série. On perd vite le contrôle. » (Propos recueillis par Scott D. Pierce.) Il toucha le fond quelques mois avant d'obtenir le rôle d'Alex dans *Buffy*. Son emploi de serveur lui permettait à peine de payer son loyer. Sa copine l'avait quitté et il avait abandonné tout espoir de faire une carrière d'acteur. Il fut embauché comme assistant de production pour une émission de télévision, mais, dit-il, ce genre de boulot n'a de nos jours plus rien de palpitant. « Je devais aller acheter des tartelettes pour les scénaristes. Ils les exigeaient à la cannelle et sans glaçage. Et si j'avais le malheur de me tromper, je passais un sale quart d'heure. » (Extrait de *Vibe*.) Comme il ne montrait pas énormément d'enthousiasme pour ce nouveau job, il fut finalement convoqué par son chef qui le vira en lui disant : « Tu devrais faire acteur. » (Propos recueillis par Amanda Rudolph.) Trois mois plus tard, Nicholas obtenait son premier grand rôle, celui d'Alex dans *Buffy contre les vampires*.

Aujourd'hui il habite dans une grande maison sur les hauteurs de Los Angeles, d'où il peut contempler la nuit les lumières de la ville. « C'est comme l'attraction de Peter Pan à Disneyland », dit-il en riant. (Propos recueillis par Amanda Rudolph.) Mais il y a une rançon à cette gloire, et c'est son jumeau qui en fait les frais. Parce qu'on le confond avec Nicholas, Kelly est souvent arrêté dans la rue par des admirateurs de son frère et obligé de signer des autographes à sa place. Pour éviter la confusion, Kelly a essayé de teindre ses cheveux en blond. « Je sais à quel point c'est dur pour lui, dit Nicholas, parce que je l'aime énormément. » (Extrait de « Q&A with Nicholas Brendon ».)

Si on considère qu'il n'a commencé à jouer qu'à l'âge de vingt ans et qu'il est maintenant dans l'une des séries télévisées les plus populaires, on peut d'ores et déjà prédire à Nicholas une longue carrière d'acteur. Il sait d'ailleurs que c'est là sa vocation. « J'aime distraire les gens, dit-il. Je ne veux rien faire d'autre. » (Extrait de « Q&A with Nicholas Brendon ».)

SETH GREEN
(OZ)

Seth Green est, de tous les acteurs de *Buffy*, celui qui a tourné dans le plus grand nombre de films. Dernier arrivé de la bande, Seth a déjà derrière lui une longue et glorieuse carrière. Et il n'a que vingt-cinq ans.

© ERIKA ROTTLER

Seth Green.

Né le 8 février 1974, Seth a grandi à Philadelphie avec son père Herb, professeur de mathématiques, sa mère Barbara, artiste, et sa sœur Kaela. Il a fait ses débuts sur les planches à six ans dans la comédie musicale *Hello, Dolly !* et c'est à cet âge qu'il a décidé qu'il serait acteur. Il n'a depuis jamais changé d'avis. Comprenant que son fils était très déterminé, Barbara fit en sorte qu'il reçoive une instruction — par correspondance — pendant qu'il poursuivrait sa carrière. Seth a suivi des cours d'art dramatique, mais il dit avoir appris sur le tas tout ce qu'il sait de son métier. Son premier film s'intitulait *Hôtel New Hampshire*. Il y jouait aux côtés de Rob Lowe et de Jodie Foster. C'était un petit rôle, mais c'est grâce à lui qu'il en a décroché un plus important dans le film *Radio Days* de Woody Allen. Seth a beaucoup apprécié de travailler avec le célèbre réalisateur, car celui-ci n'attendait pas de lui qu'il se comporte comme un petit adulte. « Je me souviens d'un jour où nous courions partout avec des pistolets à eau. Il était là et nous a laissés faire. » (Propos recueillis par Michelle Erica Green.)

Il a tourné ensuite dans *J'ai épousé une extraterrestre*, et c'est à cette occasion qu'il a travaillé pour la première fois avec Alyson Hannigan. Ils se sont liés d'amitié et sont restés en contact une fois le film terminé. « Nous avons une drôle de relation, dit-il. Nous ne nous voyons pas pendant un an et puis, tout à coup, nous nous appelons et nous ne nous quittons plus pendant trois semaines. Puis chacun repart de son côté. » (Propos recueillis par Michelle Erica Green.) Plusieurs films ont suivi, dont *Quand les jumelles s'emmêlent, Pump Up the Volume, White Man's Burden, Par amour pour Gillian* et *Austin Powers*. Dans ce dernier film, Seth incarnait Scott Evil, le fils du Dr Evil, qui était joué par Mike Myers. Seth a adoré travailler sur ce film, mais, avoue-t-il, Mike Myers était tellement drôle qu'il était difficile de garder son sérieux. « Je me rappelle le tournage d'une scène en particulier, dit-il. Il venait de danser la macarena et le voilà qui s'avance vers moi. Je me retourne et on voit que je commence à sourire mais, heureusement, je me suis vite repris. » (Extrait de « Live Star Chat with Seth Green ».)

En plus des films, Seth a fait des apparitions dans un grand nombre de séries télévisées très populaires, notamment dans *Dingue de toi, Les années coup de cœur, Code Lisa, The Drew Carey Show, Cybill* et dans l'épisode pilote de *X-Files*. Toutefois, c'est son rôle dans un film publicitaire pour la marque Rally tourné en 1997 qui a fait connaître son visage au grand public.

Cette même année 1997, il s'est présenté à une audition pour Joss Whedon, qui s'est rappelé l'avoir vu dans *J'ai épousé une extraterrestre*. « Je portais de grosses lunettes très moches, se rappelle-t-il. Joss me donnait la réplique et il m'a demandé de les enlever. » (Extrait de « Live Star Chat ».) Contrairement à d'autres, Seth n'a eu à passer qu'une seule audition avant d'obtenir le rôle. Ce soir-là, il a appelé Alyson pour lui annoncer qu'ils allaient de nouveau travailler ensemble. On ne savait pas encore si son personnage allait apparaître dans plusieurs épisodes. Quand on lui a proposé de devenir un membre permanent de l'équipe, Seth a d'abord hésité. « J'ai réfléchi aux autres possibilités qui s'offraient à moi, et puis je me suis dit que je ne trouverais pas une meilleure série ni un meilleur rôle avant longtemps. » (Propos recueillis par Michelle Erica Green.)

Seth adore le personnage d'Oz qui, dit-il, est inspiré d'un garçon que Joss Whedon a connu au lycée. « Ce que j'aime chez Oz, c'est qu'il ne parle pas à tort et à travers. Quand il ouvre la bouche, c'est toujours pour dire une chose qu'il a mûrement réfléchie. » (Propos recueillis par Michelle Erica Green.) L'épisode le plus difficile pour lui jusqu'à présent a été celui dans lequel Oz se change en loup-garou. L'équipe de maquillage, dirigée par Todd McIntosh (qui a gagné un Emmy Award), ne disposait que de deux semaines pour préparer les costumes. Seth devait rester assis pendant des heures pendant qu'on lui appliquait son maquillage pour, finalement, tourner une séquence qui ne durerait que quelques secondes.

Maintenant qu'il est un personnage permanent de *Buffy*, va-t-il se calmer et concentrer toute son énergie sur la série ? Ça ne lui ressemblerait pas.

Seth a quatre films en préparation et vient d'en terminer un dans lequel il joue aux côtés de Jennifer Love Hewitt.

Sa filmographie comprend également quelques titres prestigieux dont *Ennemi d'Etat* (1998) avec Will Smith, Jon Voigt, Ian Hart, Jamie Kennedy, Jason Lee et Jason Robards, dans lequel il incarne un membre de la sûreté nationale qui pourchasse Will Smith. Il parle aussi avec beaucoup d'enthousiasme de *Stonebrook*, un film sorti en 1999, lequel, à ce qu'il dit, est un mélange de *The Sting* et *Usual Suspects*. Il va également jouer dans deux films indépendants, *The Attic Expeditions* et *Idle Hands*. A vingt-quatre ans, Seth a déjà fait plus de films que certains acteurs n'en feront jamais dans toute leur carrière. Et il n'a pas l'intention de s'arrêter en si bon chemin.

Pour entrer en contact avec les acteurs de la série, y compris Sarah Michelle Gellar, envoyez votre courrier à l'adresse suivante :

Buffy the Vampire Slayer
The Warner Brothers Television Network
4000 Warner Blvd.
Burbank, CA 91522

Parce qu'ils ont des emplois du temps très chargés, ils ne pourront pas tous vous répondre. Toutefois, vous augmenterez vos chances en joignant une enveloppe timbrée à votre adresse.

BUFFY CONTRE LES VAMPIRES SUR INTERNET

Dresser une liste exhaustive de tous les sites Web consacrés à *Buffy contre les vampires* serait une tâche impossible, car il en existe des centaines. J'en ai répertorié quelques-uns pour ceux d'entre vous qui viennent de rejoindre le fan-club de *Buffy*. La plupart d'entre eux font partie d'anneaux. Un anneau est constitué de plusieurs sites consacrés à un même sujet. Pour s'y rattacher, il suffit d'ajouter une icône au bas de votre page d'accueil. Un bouton « Suivant » permet au visiteur de se déplacer rapidement et facilement d'un site à l'autre. Vous verrez que j'ai inclus dans ma liste plusieurs sites consacrés aux acteurs de la série. Ce sont ceux que je préfère. Il existe des sites dédiés à tous les personnages de *Buffy*, mais ne désespérez pas si celui que vous préférez n'est pas mentionné dans ce guide. Il doit sûrement se trouver quelque part...

Autant vous prévenir, tous ces sites sont en anglais. Mais vous maîtrisez sûrement très bien la langue de Shakespeare, non ?

Site officiel de *Buffy contre les vampires*

www.buffy.com

En règle générale, les sites officiels de séries télévisées ne sont jamais aussi bons que ceux des fans. Eh bien, celui de *Buffy* fait exception. Il est tout simplement fascinant avec son décor inquiétant et gothique, et c'est probablement parmi tous les sites Internet consacrés à *Buffy* celui qui connaît le plus grand succès. Son forum, surnommé le *Bronze*, est l'endroit le plus fréquenté du site. Leurs fans peuvent y échanger des messages et y laisser du courrier pour les vedettes de la série. Seth

Green, David Boreanaz, Joss Whedon, Jeff Pruit (coordinateur des cascades) et Alyson Hannigan sont parmi les VIP qui fréquentent régulièrement le forum et les espaces de discussion. (Vous les reconnaîtrez aisément, parce que leur nom s'affiche en couleurs vives quand ils sont connectés.) Le site contient également des biographies des principaux acteurs, un résumé détaillé des épisodes déjà diffusés, un jeu interactif dans lequel vous pouvez vous mesurer à Moloch (qui se trouve à l'intérieur de votre ordinateur), un bulletin d'adhésion au fan-club officiel de *Buffy contre les vampires* et bien d'autres choses...

Liens *Buffy contre les vampires* de Sonja Marie
www/planetx.com/~sonja/btvsurls/btvsurls.html
Si vous voulez surfer sur les meilleurs sites Internet de *Buffy contre les vampires*, oubliez tous les autres moteurs de recherche. Cette liste très complète de liens vous amènera absolument partout. Voilà un travail colossal qui mérite toutes les louanges qu'on a pu faire à son sujet.

Archives des fans de *Buffy*
www.slayerfanfic.com/
Ce site constitue les archives les plus complètes des fictions imaginées par les fans de *Buffy* (des histoires imaginées par les fans en s'inspirant des personnages et des événements de la série) : nouvelles, poèmes et textes divers. Les histoires qu'on peut y lire sont parfois d'une qualité exceptionnelle et pourraient pour certaines constituer la base d'un scénario. Vous y trouverez des index des auteurs et des histoires qui vous aideront dans votre recherche, ainsi que des transcriptions de chaque épisode de la série, ce qui représente en soi un travail monumental. Les visiteurs y trouveront également un forum où ils pourront laisser leurs commentaires et les écrivains en herbe une page contenant des conseils de grammaire et de syntaxe et des aides à la création. Un site à visiter impérativement !

Le domaine des morts
www2.uic.edu/~ahufan I/btvs
Le domaine des morts est un must pour tous les fans de *Buffy*. Willow y est votre guide. La partie la plus intéressante de ce site est celle qui contient les scènes qui figuraient dans le scénario original mais qui ont été coupées au montage (Written, Not Scene). Allez y faire un tour pour voir ce que vous avez manqué ! Ce site contient aussi des photos rares et assez fascinantes des coulisses du tournage, un répertoire des chansons et des citations extraites des épisodes ou de certains livres de *Buffy*, le meilleur calendrier des événements à venir et une excellente liste de liens. Un site impressionnant !

Site musical de *Buffy contre les vampires*
www.geocities.com/Hollywood/Lot/8864/music.htm
Dans *Buffy*, la musique est utilisée avec beaucoup de talent pour accentuer l'intensité dramatique des scènes. Si vous avez craqué pour une chanson ou pour un groupe qui jouait au *Bronze*, connectez-vous à cette page. Vous y trouverez le titre des chansons, une liste des points de vente où vous pouvez vous procurer les disques. Vous pourrez aussi obtenir des informations sur le groupe qui vous intéresse, savoir s'il donne des concerts, et où, et lire les paroles de ses chansons. Voilà un site d'une rare qualité que je classerais sans hésitation parmi les cinq premiers consacrés à *Buffy*.

Site central de *Buffy contre les vampires*
members.tripod.com/~slayercentral/
Un site très bien réalisé qui contient tous les derniers potins sur les acteurs, sur les épisodes et sur les livres consacrés à

Buffy. Il vous indique chaque semaine quel épisode sera diffusé, et à quelle heure. Il vous explique aussi comment envoyer du courrier aux acteurs et contient des fictions des fans, un classement des sites Web, etc.

Page d'accueil du lycée de Sunnydale
www.sunnydale.simplenet.com
Voilà l'une des plus astucieuses pages consacrées à *Buffy*. Elle se présente comme une vraie page d'accueil de lycée, avec tous ses renseignements administratifs. Elle contient aussi un message du proviseur (il y mentionne que l'école recherche un entraîneur de natation, un professeur d'informatique et une infirmière), un plan de l'établissement établi en fonction des déplacements des personnages dans chaque épisode (assez fascinant !), des tests d'admission et de passage (vous devez répondre à des questions sur la série) et plein d'autres choses. Les dernières nouvelles concernant la série s'inscrivent sur la page d'accueil et le site contient aussi des informations sur les acteurs et sur les membres de l'équipe. Une idée admirablement exécutée !

Le son de la Tueuse
techzero.simplenet.com/buffy/
Si vous cherchez des fichiers sonores de *Buffy*, vous les trouverez là. Vous pouvez télécharger depuis ce site des fichiers son et les programmer sur votre ordinateur pour les rejouer à certaines occasions. Puis-je vous suggérer comme son de démarrage : *Hi, for those of you who have just tuned in, everyone here is a crazy person* (« Salut ! pour ceux qui viennent juste d'arriver, sachez qu'ici tout le monde est timbré ») ?

Les bouquins de Giles
www.znet.com/~volterra/giles/giles.html
Voilà un site extraordinaire dans lequel Giles, le célèbre bibliothécaire, vous invite à venir consulter ses livres. En fait, il contient des liens qui, en fonction de chaque épisode, vous amènent vers des sources documentaires différentes. Ainsi, si vous choisissez « Pleine lune » (*Phases*), vous serez guidé vers des sites consacrés aux loups-garous. Un site passionnant que j'aurais bien voulu découvrir plus tôt.

Bibliothèque du lycée de Sunnydale
www.geocities.com/Area51/Cavern/1763/buffy.html
Voilà un endroit intéressant qui vous permet de vous déplacer dans les rayonnages de la bibliothèque, lesquels contiennent divers ouvrages utilisés dans la série et notamment des livres consacrés aux loups-garous et à diverses créatures monstrueuses que les apprentis tueurs pourront consulter à leurs moments perdus. Ce site contient également des citations extraites des meilleurs épisodes, le jeu de *Buffy* et un lien permettant de s'inscrire dans la liste de diffusion de *Buffy contre les vampires.*

Le monde souterrain de Hadès
www.geocities.com/Area51/Chamber/5851/
Ce site fabuleux mérite qu'on y fasse un tour. Vous y trouverez une pléthore de photos, un test sur la série, un guide des épisodes très à jour et plein d'autres choses.

Sites consacrés aux acteurs

Page des fans de Sarah Michelle Gellar
smgfan.com
Cette page contient une biographie, des photos et des articles sur toute la carrière de Sarah. Quoi que vous cherchiez, c'est ici que vous le dénicherez. Cette page est mise à jour par

Lawless qui a fait un fabuleux travail de compilation d'infos diverses sur Sarah. Le site contient même un lien vers le très populaire jeu des six degrés de parenté dans lequel vous pouvez taper le nom de Sarah et celui d'une autre personne célèbre pour voir s'il existe entre eux un quelconque lien de parenté. Essayez, c'est drôle. Pour ma part, j'ai tapé le nom de plusieurs acteurs sans jamais obtenir le moindre résultat. De tous les sites consacrés à Sarah, celui-ci est le numéro un. Pour obtenir des infos sur la star de *Buffy*, commencez toujours votre recherche ici.

Sarah Michelle Gellar : la plus brillante de toutes les étoiles du firmament
www.sarah-michelle-gellar.com/
Ce site se distingue de tous les autres non seulement par son contenu très riche, mais aussi par le fait que son administrateur le met régulièrement à jour. Il contient un calendrier des prochaines apparitions à la télévision de Sarah Michelle Gellar, ainsi que des articles, des photos, des fichiers sonores, un comptoir d'échange de cassettes, une sélection des meilleures citations de Sarah, un lien vers la liste de diffusion Sarah Michelle Gellar et un espace de discussion (animé les lundis et vendredis à partir de 19 heures), des extraits de films, et beaucoup d'autres choses. Dans mon classement, ce site vient tout de suite après la page des fans.

Club des admirateurs d'Alyson Hannigan
www.network23.com/hub/ahas/
Après ceux de Sarah Michelle Gellar, les sites consacrés à Willow et à Alyson Hannigan sont les meilleurs. Vous trouverez sur ce site des photos, des informations toutes fraîches sur Alyson, des citations de Willow, une brève biographie, des statistiques et encore plein d'informations. Un site très bien réalisé.

Autel à Alyson Hannigan
users.twave.net/shrine/ahaltar.htm
Voilà une page qui se montre à la hauteur de son titre. Alyson a dit une fois qu'elle allait passer son ordinateur en Windows 98, alors l'administrateur très attentionné de ce site a prévu qu'elle viendrait faire une petite visite et a glissé un peu partout des notes à son intention. Cette mine d'informations sur Alyson contient de très nombreux liens vers d'autres sites. A consulter impérativement.

Ce bouffon appelé Alex
xander.interspeed.net/
J'adore ce site ! Si vous cherchez des infos sur Nicholas Brendon, n'allez pas plus loin. A visiter absolument, ne serait-ce que pour le logo animé au début qui annonce : « A chaque génération, il n'y a qu'un seul Alex. » Biographie, filmographie, photos, coupures de presse, bons mots d'Alex, liens, tout ce que vous désirez se trouve sur ce site délirant. A voir si vous êtes un fan d'Alex.

Site David Boreanaz de Phoenix
www.david-boreanaz.com/
Le meilleur des sites consacrés à David Boreanaz. Il contient des photos, des liens, toutes les conversations en ligne de David, des coupures de presse et beaucoup de commentaires qu'il a écrits lorsqu'il s'est connecté au forum du site officiel de *Buffy contre les vampires.*

Page d'accueil officielle de Seth Green
www.geocities.com/Hollywood/Set/1503/
Si vous êtes un fan de l'homme qu'on appelle Oz, voilà votre site. Après avoir discuté avec les fans qui l'avaient confectionné, Seth a donné son autorisation pour que cette page devienne sa page officielle. Et il faut admettre qu'elle rend admirablement hommage à cet excellent acteur. Vous serez

tenu informé des derniers films dans lesquels il a tourné et de tous ses travaux d'acteur. Vous y trouverez aussi beaucoup de photos rares, une biographie, une filmographie...

Les protecteurs

Si vous êtes abonné à l'une des listes de diffusion, vous avez sans doute remarqué un étrange phénomène affectant la ligne de signature des messages : les membres de la liste « protègent » des choses pour le compte des personnages de la série. Si vous voyez dans un épisode un truc qui vous branche, comme la petite grenouille en peluche de Willow, vous pouvez devenir le protecteur ou la protectrice de cette chose (pour votre information, la grenouille en question est déjà prise). Devenir protecteur est un peu une façon de faire partie de la série. Vous pouvez aussi prendre le rôle de gardien, auquel cas la chose que vous protégez est intangible. Ce sera par exemple l'attitude condescendante de Cordelia à l'égard de Willow (désolé, celle-là aussi est prise). C'est absolument loufoque et très drôle.
Pour devenir protecteur ou gardien, connectez-vous à l'un des sites dont la liste vous est donnée ci-dessous. Ceux-ci concernent les principaux personnages de la série. Si vous voulez protéger une chose appartenant à un personnage secondaire, reportez-vous à l'index principal (le premier de la liste) et vous trouverez probablement un lien vers ce qui vous intéresse.

Index principal des sites des protecteurs de *Buffy contre les vampires*
www.concentric.net/~Creatv/keeper/index.html

Protecteurs de Giles
www.geocities.com/TelevisionCity/7728/gaspers.html
Envoyez un courrier à la présidente du fan-club (gaspers@eskimo.com) et elle vous fournira la liste des choses qui sont déjà prises.

Protecteurs de Cordelia
members.aol.com/PalOBuffys/Keepers.html

Protecteurs d'Oz
www.geocities.com/TelevisionCity/9102/ozGA.html

Protecteurs de Willow
www.concentric.com/~creatv/willow/index.html

Protecteurs de Buffy
www.geocities.com/Hollywood/Academy/6358/
Attention, celui-ci est très vaste !

Protecteurs de Jenny Calendar
www.angelfire.com/ca/MCTP/mctp.html

Protecteurs d'Alex
www.geocities.com/~xanderkeepers

Sites étranges

Page de croisement entre Buffy et James Bond
www.mindspring.com/~big.al/buffybond/
Cette page complètement délirante mélange les conventions de James Bond avec des dialogues de *Buffy*. Ça vaut le coup d'œil !

Cimetière de Sunnydale
www.geocities.com/Hollywood/Theater/3799/
Il fallait que je mentionne ce site parce qu'il est parmi les plus étranges que j'aie pu voir. On y trouve des tombes, des monuments funéraires, des urnes de chaque personnage mort au cours de la série, y compris de très nombreux vampires. Il y a même une section dans laquelle vous pouvez réserver et dessiner une tombe pour ceux qui ne sont pas encore morts. Un site extrêmement macabre qui vous donne des frissons dans le dos. C'est sans doute pour ça qu'il m'a tant plu.

Scores d'audience Nielsen réalisés par *Buffy contre les vampires*
www.iaw.on.ca/~rohaly/tvschedule/buffy.html
Ce site tient un état méticuleux des scores d'audience réalisés par chaque épisode, lors de sa première diffusion, puis lors de chaque rediffusion ultérieure. A consulter pour savoir combien d'audience a fait votre épisode préféré.

Page d'accueil des fleurs de tapisserie
www.geocities.com/Wellesley/4149/
D'accord, je sais que cette liste contient dejà beaucoup de sites consacrés à Alyson Hannigan, mais je ne pouvais pas ne pas mentionner celui-là, rien que pour son nom. Petit decryptage pour les non-initiés. *Wallflowers* (les filles qui font tapisserie) signifie **W**ondrous **A**lyson's **L**ifelong **L**obby **F**or **L**audation **O**f **W**illow's **E**ggheadedness, **R**efinement & **S**exiness. C'était vraiment trop drôle pour qu'on fasse l'impasse dessus.

POURRIEZ-VOUS ÊTRE UNE TUEUSE ?

Testez vos connaissances sur *Buffy contre les vampires*

Alors comme ça, vous pensez tout savoir sur *Buffy contre les vampires*. Eh bien, voilà un petit questionnaire qui vous permettra de tester vos connaissances. Il porte sur l'intrigue des épisodes, sur les personnages et sur leurs répliques. Attention : certaines questions vont vous donner du fil à retordre. Prenez une feuille de papier, notez-y toutes vos réponses puis reportez-vous à la fin de ce livre pour savoir si vous avez fait un sans-faute. Bonne chance !

LES BONS MOTS D'ALEX

Alex est un personnage à l'humour décapant. Nous lui devons quelques-unes des répliques les plus drôles de la série. Voyons si vous pouvez dire dans quel épisode il prononce les phrases suivantes :

1. Tu ne vas pas t'évanouir tout de suite ?
2. La vache, Buffy ! Toute ma vie vient de défiler en accéléré. C'est fou tout ce que j'ai vécu.
3. L'indulgence n'est pas la principale qualité de Buffy.
4. Je voudrais qu'aimer ce soit comme tuer. Tu sais, simple, direct. Un pieu dans le cœur et roule ma poule.

5. Je rigole face au danger. Ensuite je cherche un trou pour me cacher.
6. On est amis intimes, et j'aime ton intimité.
7. Tant pis. Par contre, si tu croises une armée de zombies, appelle-nous avant qu'ils mangent ta chair.
8. Je ne passe pas prendre Willow dans le sens : « Prends-moi ! »
9. Je m'en doutais que tu jouais, vampire !
10. Il se passe des choses étranges. Mais c'est la devise de notre école.

QUI L'A DIT ?

Voici une liste de répliques. Pour chacune d'elles, vous devez dire qui l'a prononcée et dans quel épisode.

1. Vous étiez dans le vrai à propos de toutes ces choses. Vous aviez tort quant à votre mère. Elle ne s'est pas réincarnée en pékinois.
2. Dommage qu'Alex n'ait pas été hypnotisé par un petit lapin !
3. Je rêve toutes les nuits que des ploucs dans votre genre deviennent mes meilleurs copains et je rêve aussi que mon premier mari sera un SDF chauve et obèse.
4. Je ne te connais que depuis deux minutes et je te trouve très énervant. Tu n'as pas le profil d'un immortel.
5. J'avais déjà des projets pour mon avenir. Je voulais devenir pilote de chasse. Ou peut-être plombier.
6. Nous avons tous besoin d'aide. Sinon, on garde tout pour nous. Avant qu'on ait le temps de réaliser, nous risquons de graves traumatismes.
7. Si je trouve des choses qui te mettent de mauvaise humeur, tu promets de ne pas me mordre ?

8. J'imagine que je t'embrasse, et là, tout s'arrête dans ma tête. On dirait un arrêt sur image.
9. Merci pour le cadeau, mais je te préviens, je suis de mauvaise humeur avant le café.
10. Il y a des choses que je ne peux tolérer : les élèves qui traînent sur le campus après les cours, les cadavres dont le cœur a été arraché, et qu'on fume dans mon établissement.
11. Comment peut-on se faire berner encore si facilement ? Dans quel monde on vit !
12. Du fait de son état animal, son offensive de charme a manqué de musique douce, de champagne et de bougies.
13. On peut faire ça. Moi, je tue et vous, vous revendez la camelote.
14. Je ne tolérerai pas qu'on fasse n'importe quoi dans ma maison.
15. Si vous continuez vos blagues débiles, je vous arrache les tripes et je vous en fais un chapeau.
16. A-t-on enfin trouvé un restaurant qui livre à domicile ?
17. Tu as plein d'armes. Je me suis dit que tu faisais peut-être partie d'un gang.
18. Je t'offre un verre avant qu'on la tue ?
19. Ils ont des masques. Ce sont des braqueurs masqués.
20. Est-ce que tu l'aimes, ma face cachée ? Partages-tu mon obscurité ?

QUI FAIT QUOI ?

Vous avez réussi à leur rendre leurs répliques, voyons maintenant ce que vous connaissez des personnages.

1. Comment Alex découvre-t-il que Buffy est la Tueuse ?
2. Comment Colin est-il devenu le Juste des Justes ?

3. Comment s'appelle le père de Willow ? (Accordez-vous un point supplémentaire si vous pouvez nommer l'épisode dans lequel ce détail nous est révélé.)
4. Drusilla a failli être tuée dans cette ville européenne.
5. Quel âge a Spike ?
6. Deux personnages de la série sont atteints d'un cancer du cerveau. Pouvez-vous les nommer ?
7. Quel personnage est un supporter des Bay City Rollers ?
8. Comment s'appelle le crétin qui se fait interroger par Willow ?
9. Qui est exactement Whistler ?
10. Qu'est-il finalement arrivé à la mère d'Amy ?
11. Ce personnage est le premier à qui Buffy parle au lycée de Sunnydale.
12. Quel vampire est le favori du Maître ?
13. Quelle a été la dernière action de Drusilla juste avant d'être changée en vampire par Angel ?

DANS QUEL ÉPISODE EST-CE ARRIVÉ ?

Voici une liste de faits. Pour chacun, citez l'épisode dans lequel il s'est produit.

1. Oz joue au *Bronze* avec son groupe dans deux épisodes. Lesquels ?
2. Quel est le nom de la confrérie dans « Devotion » ?
3. Dans « Le manuscrit », que fait Alex en rentrant chez lui pour oublier sa douleur d'avoir été rejeté par Buffy ?
4. Quel étrange événement se produit au *Bronze* dans « Alias Angelus » ?
5. Nommez les deux épisodes dans lesquels les élèves assistent au concours des pom-pom girls.
6. Nommez les deux épisodes dans lesquels la police interroge Joyce à propos de Buffy.

7. Quand Angel perd son âme, qui est la première personne qu'il tue ?
8. Dans quel épisode Cordelia et Willow parlent-elles de leurs problèmes de mecs au *Bronze* ?
9. Dans « La momie inca », Alex apprend à Ampata à faire quelque chose quand ils sont sur les gradins. Qu'est-ce que c'est ?
10. Nommez les deux épisodes dans lesquels Alex et Cordelia finissent dans la cave de Buffy.
11. Dans « Attaque à Sunnydale », Buffy découpe des légumes avec cet étrange ustensile. De quoi s'agit-il ?
12. Nommez l'épisode dans lequel Buffy franchit d'un bond la clôture du lycée.
13. Dans quel épisode Cordelia invite-t-elle Angel dans sa chambre ?
14. Nommez les deux épisodes dans lesquels Oz se fait tirer dessus.
15. Dans quel épisode Alex rêve-t-il de devenir guitariste dans un groupe rock ?
16. Nommez les deux épisodes dans lesquels Buffy frappe Giles.
17. Dans quel épisode voit-on des serpents apparaître sur les plateaux de la cafét ?
18. Nommez les deux épisodes dans lesquels on voit la plaque minéralogique de Cordelia.
19. Nommez les deux épisodes dans lesquels Oz en voyant Willow se demande : « Qui est cette fille ? »
20. Dans « Halloween », Buffy est filmée par un vampire. Qu'est-elle en train de faire à ce moment-là ?

LA TOUTE PREMIÈRE FOIS

Nommez les épisodes dans lesquels les événements suivants se produisent dans la série pour la première fois.

1. Giles rit d'une vanne d'Alex.
2. Cordelia et Alex s'insultent.
3. Giles et Jenny sortent ensemble.
4. Cordelia sauve la vie de quelqu'un.
5. Nous apprenons que Buffy tient un journal intime.
6. Buffy parle à Willow du divorce de ses parents.
7. Nous voyons un élève emprunter enfin un livre à la bibliothèque.
8. Oz voit un vampire se prendre un pieu dans le cœur.
9. Nous voyons Buffy au centre commercial.
10. Giles remarque qu'Angel ne se reflète pas dans les miroirs.
11. Nous voyons la chambre d'Alex.
12. Buffy s'échappe de sa chambre par la fenêtre.
13. Nous voyons la DS de Giles.
14. Oz et Willow se parlent.
15. Giles fait la connaissance de Joyce.

VRAI OU FAUX

Répondez par *vrai* ou *faux* aux questions suivantes. Pour les affirmations fausses, donnez la bonne réponse.

1. Giles est diplômé de l'université d'Oxford.
2. Quand Buffy découvre qu'Owen lit Emily Dickinson, elle déclare qu'« il est sensible, en plus d'être viril ».
3. Angel dit qu'il est arrivé en Amérique il y a environ quatre-vingts ans.

4. Quand Giles apprend qu'Ethan a fait un tatouage à Buffy, il propose de payer pour le faire enlever.
5. Willow dit que son plus grand regret est de n'avoir jamais appris à jouer d'un instrument.
6. Alex prétendait ne pas se souvenir de ce qu'il avait fait dans « Les hyènes », parce qu'il était dégoûté d'avoir mangé le proviseur Flutie.
7. Le test d'aptitude d'Alex dit qu'il ferait un bon gardien de prison.
8. La sœur cadette de Cordelia est très intelligente et refuse d'être pomp-pom girl.
9. Buffy juge ridicule la tradition de la Reine de mai.
10. L'oncle d'Oz est un loup-garou.

LE 14 FÉVRIER 1998, UNE NUIT INOUBLIABLE

La fête du forum Internet de *Buffy contre les vampires*

Ce chapitre a été écrit avec l'aide des membres suivants du forum qui étaient présents ce soir-là à la fête : Erika Rottler (alias Sasheer), Erika Gilbert (alias Batra), Keith Miller (alias KAM), Tammie Purcell (alias greengirl), Viet My Nguyen (alias Samiel), Karri Phillips (alias Phoenix) et Will York (alias fenric).

C'était le genre d'événement dont rêvent tous les fans, mais auquel les gens célèbres participent rarement. Imaginez : vous avez l'habitude de discuter sur un forum Internet avec d'autres personnes qui partagent le même engouement que vous pour une série télévisée. Peu à peu, vous avez fait connaissance avec vos correspondants jusqu'au jour où quelqu'un lance l'idée d'une grande fête qui réunirait tout le monde. Alors quelqu'un d'autre avoue qu'il connaît les acteurs de la série et qu'il pourrait les persuader de venir. A l'épisode suivant, vous prenez l'avion pour rencontrer les autres membres du forum et vous êtes accueilli par la quasi-totalité des acteurs de la série.

Voilà exactement l'aventure qui est arrivée le 14 février 1998 à une centaine de fans de *Buffy contre les vampires*.

Tous les jours, ils se rencontraient sur le forum surnommé le *Bronze* pour parler de la série, des personnages et de la vie en général. Les plus chanceux d'entre eux s'étaient trouvés au *Bronze* un jour où s'y était connecté un VIP : David Boreanaz, Seth Green, Nicholas Brendon, Alyson Hannigan, Joss Whedon, Jeff Pruitt, Ty King (un des scénaristes) et RD (l'assistant de David Greenwalt, le producteur exécutif de la série). Les fans habitaient aux quatre coins de l'Amérique du Nord et ils étaient peu nombreux à s'être déjà rencontrés. C'est pourquoi l'un d'eux, un dénommé Blade, a suggéré qu'ils se réunissent tous. AKA Becker, un autre membre du forum, a tout de suite accueilli cette idée avec enthousiasme et a proposé Los Angeles comme lieu de réunion, parce que c'était dans cette ville que la série était tournée. Todd McIntosh, le maquilleur, a ensuite fait circuler le bruit sur le plateau de *Buffy* pour voir si les gens seraient intéressés. Puis RD s'en est mêlé pour donner un coup de main. L'aventure venait de commencer.

Alyson fut, parmi les acteurs, la première à accepter de venir à la fête. Les membres du forum constituèrent alors un comité qui devait organiser l'événement et dresser la liste des invités. Ils savaient qui, parmi les VIP, assisterait à la soirée, mais ils décidèrent de garder l'information secrète, parce qu'ils ne voulaient pas que les fans viennent seulement dans le but de voir leurs vedettes préférées. L'objet de cette fête était de permettre aux membres du forum de se rencontrer. Les VIP n'étaient que la cerise sur le gâteau. RD a ensuite annoncé qu'il avait persuadé presque tous les membres de l'équipe de venir et il s'occupa de réserver un lieu pour l'occasion. Les membres du forum qui avaient décidé d'assister à la réunion envoyèrent leur contribution (destinée à couvrir les frais de location de la salle) et, en échange ils reçurent leur invitation. Il y était indiqué que la fête se tiendrait au *Planet Hollywood* de Los Angeles, une information qui fut, celle-là aussi, gardée secrète. Toutefois, les membres du comité furent très surpris d'apprendre, la veille de la date fatidique, que la direction du *Planet Hollywood* avait annoncé publiquement que les acteurs de *Buffy contre les vampires* allaient se réunir dans leur restaurant et que des fans de toute la Californie viendraient les voir.

Le 13 février, les membres du forum décollèrent du Texas, de New York, de Floride, du Canada, de Washington, du

New Jersey, de l'Illinois, de l'Indiana, de Caroline du Nord, de Géorgie et du Wisconsin. Un membre du comité a estimé que quatre-vingt-dix pour cent des personnes présentes venaient d'une autre ville que Los Angeles.

On rapporte qu'à son arrivée AKA Becker avait perdu tous ses bagages, mais que, la tête haute, il est tout simplement allé s'acheter d'autres vêtements. Un autre membre, Samiel, rigole encore en se rappelant les problèmes qu'ont eus les gens en essayant de rencontrer des personnes qu'ils n'avaient jamais vues. Les internautes utilisent souvent des pseudonymes un peu loufoques, explique Samiel, et « dans un aéroport personne ne va oser s'approcher de quelqu'un pour lui demander : "Est-ce que tu ne serais pas Macchabée ?" » Justement, pour faciliter le contact durant la soirée, on avait remis à chaque membre du forum un badge indiquant son pseudonyme.

La fête devait débuter à 18 heures, mais le comité était venu plus tôt pour tout mettre au point. RD était là aussi pour leur donner un coup de main. Il fallait organiser la sécurité et savoir où les gens iraient. Au départ, le *Planet Hollywood* avait parlé du premier étage, puis avait opté pour le rez-de-chaussée qui serait plus accessible. Il fallait aussi contrôler les accès pour empêcher que des indésirables se mêlent aux invités. Pour la nourriture, le *Planet Hollywood* avait prévu des amuse-gueule, des pâtes et des boissons non alcoolisées. De son côté, le comité avait commandé un gâteau au chocolat représentant le forum. L'excitation montait dans les rangs. On attendait avec impatience les acteurs qui devaient bientôt arriver. Quand le thème de *Buffy contre les vampires* retentit dans la salle, tout le monde poussa des acclamations. La fête venait de commencer.

David Boreanaz fut, parmi les acteurs, le premier arrivé (d'autres VIP étaient déjà présents), et c'est en le voyant que les gens réalisèrent qu'ils allaient vivre une nuit de folie. Des fans assaillirent l'acteur. Ils voulaient un autographe, une photo ou simplement une poignée de main. Pour reprendre les paroles de Batra : « C'était comme à l'époque des Beatles. Les gens regardaient David d'un air incrédule. Il y avait même une fille qui était au bord des larmes. » RD s'ouvrit un passage dans la foule hystérique pour aller secourir David et le conduire au premier étage où il pourrait dîner avant de se joindre à la fête. Parce qu'il était le premier, c'est probablement lui qui a provoqué la plus grande excitation. Erika Rottler se souvient : « En le voyant, je suis restée bouche bée. Angel était là, devant mes yeux. »

Après David, d'autres célébrités firent leur entrée : Anthony Stewart Head, Nicholas Brendon, Ty King, Jeff Pruitt, Sophia Crawford (la cascadeuse qui double Sarah), Joss Whedon, Todd McIntosh, Marti Noxon (scénariste), Alyson Hannigan et Seth Green. Etait également présent ce soir-là James Lamb, plus connu sous le pseudonyme de TV James, le créateur du premier site Internet officiel de *Buffy contre les vampires*. (Il apportait dans ses bagages une idée de design pour le nouveau forum qui fut adoptée à l'unanimité.)

Les membres du forum qui ont contribué à la rédaction de ce chapitre avaient des anecdotes à raconter sur chaque VIP présent ce soir-là. Tout le monde s'accordait pour dire que Jeff et Sophia, qui s'étaient rencontrés alors qu'ils travaillaient sur les *Power Rangers*, formaient un très beau couple. Ils s'étaient fiancés quelques semaines plus tôt, pendant le tournage de l'épisode « Pleine lune ». Visiteur régulier du forum, Jeff révèle souvent aux fans des infos sur le tournage des épisodes. Il a même scanné pour eux des story-boards. Erika, qui est restée en contact avec le couple depuis la fête, ne tarit pas d'éloges sur Jeff : « C'est un mec très cool. Sans lui, je n'aurais jamais rien su du travail des cascadeurs. Il m'a fait découvrir un nouvel aspect de Hollywood. » Erika avait déjà rencontré Sophia avant la fête, mais la voir en chair et en os l'a émerveillée : « On s'attendrait à une géante avec des gros biceps et des cicatrices partout, mais, quand tu prends sa main et que tu la regardes dans les yeux, tu vois toute la vraie beauté qu'il y a en elle. C'est l'une des femmes les plus douces que j'aie jamais rencontrées. »

David Boreanaz a aussi fait l'unanimité parmi les fans qui l'ont tous trouvé incroyablement gentil. Karri Phillips se rappelle un groupe de filles d'environ treize ans qui venaient de dîner au restaurant et qui ont tout de suite reconnu David quand il est arrivé. Elles se sont précipitées vers le premier kiosque à journaux de la rue et ont acheté un magazine pour ados dont David faisait la couverture. Ensuite, elles sont retournées au restaurant pour faire signer leur exemplaire à l'acteur. David s'est avancé vers elles, a signé tous les magazines puis a fait un brin de conversation avec ces jeunes filles et s'est montré très aimable. Un peu plus tard, le père d'un jeune garçon s'est approché d'un membre du forum pour lui demander s'il serait possible d'obtenir un autographe de David pour son fils. David a bien sûr accepté et il a ensuite trouvé le garçon en question qui, par timidité, s'était caché derrière un pilier. Voyant qu'il portait un blouson des Chicago Bulls, David lui a parlé du match que l'équipe avait disputé la veille et le garçon a bientôt été parfaitement à l'aise en sa présence.

Une personne du forum n'avait pas pu venir à la fête parce qu'elle devait étudier pour son examen de droit, mais les autres savaient qu'elle était une fervente admiratrice de David. Quelqu'un l'avait appelée sur son portable pour la tenir au courant de tout ce qui se passait. Finalement, on a passé le combiné à David pour qu'il puisse parler avec elle. Tout le monde fut ravi de découvrir combien David était spontané. D'après Keith Miller, David, au cours de la soirée, a accepté de poser pour de nombreuses photos et a parlé à tout le monde. Tammie Purcell et Will York ont eu une conversation avec David et lui ont dit qu'ils le préféraient dans le rôle de l'infâme Angelus. Il leur a répondu très ouvertement, en leur expliquant comment il s'était préparé à cette transformation de son personnage, mais il n'a rien voulu révéler sur les prochains épisodes. A un moment, Tammie a dit en plaisantant qu'Angel avait besoin de tuer quelqu'un de proche de Buffy, mais une personne dont l'absence ne bouleverserait pas trop l'histoire. Elle a suggéré le père de Buffy. David a accueilli cette idée par un grand éclat de rire et a dit qu'il la trouvait très drôle, mais il a ajouté : « Patience ! » David faisait une allusion habile à l'épisode « La boule Thesulah » qui n'avait pas encore été diffusé.

Karri a elle aussi longuement parlé à David et se rappelle un petit tour qu'il lui a joué : « A un moment, il est venu vers moi et il m'a dit : "Un baiser, ça te plairait ?" Je l'ai regardé avec de grands yeux et c'est alors qu'il m'a tendu un de ces chocolats qu'on appelle des "baisers de Hershey". » Mais, continue-t-elle en riant, elle a fini par recevoir de lui quatre vrais baisers. Une de ses copines a essayé de figer sur la pellicule ce moment mémorable, mais l'appareil (heureusement) n'a pas marché.

Le visage de Joss Whedon est moins connu des fans. Toutefois, parce qu'il est le « cerveau » de la série, il fut traité avec beaucoup de respect par tous. De nombreux fans se sont fait photographier avec lui. Parmi eux se trouvait une fille, avec comme pseudonyme -mere-, qui était connue pour vouer une admiration sans bornes au créateur de *Buffy*. Samiel se souvient que quand Joss est arrivé, tout le monde s'est mis à chanter son nom pour qu'elle s'approche, tout doucement au début puis de plus en plus fort, si bien qu'à la fin on n'entendait plus que ça. Joss et -mere- se sont alors embrassés, déclenchant un tonnerre d'applaudissements.

Batra a été très surprise quand Joss a immédiatement reconnu son nom pour l'avoir lu sur le forum. Will York a eu une longue discussion avec Joss et se rappelle : « Il a nié travailler sur plusieurs projets, comme l'avait prétendu la rumeur. Parce que pour lui, le plus important, c'était *Buffy* et c'était sur la série qu'il concentrait tous ses efforts. Je lui ai remis une carte de membre du Sarah-SOTA (Sarah Society of True Adoration, un club que j'ai fondé sur le forum). » Joss avait apporté avec lui plusieurs cassettes tournées dans les coulisses de *Buffy* (notamment un bêtisier de la série) qui avaient été montées spécialement pour la fête du forum. Pendant toute la soirée, elles ont été passées en boucle sur des écrans installés dans la salle.

Nicholas Brendon était très drôle et ravi de faire la connaissance des membres du XDC (Xander Dance Club). Au début d'« Alias Angelus », Alex exécute, au *Bronze*, une danse très bizarre, tandis qu'il essaie de persuader les filles de se joindre à lui. Deux membres du forum, KAM et Little Willow, ont trouvé cette scène hilarante et ont décidé de fonder ce club. Au début, ce n'était qu'une plaisanterie, mais petit à petit d'autres membres ont adhéré et le club est devenu l'un des plus importants du forum (mais il fut plus tard surpassé par le We Possess Willow Power Club fondé par Little Willow). Pour rejoindre le XDC, il suffisait de donner une raison satisfaisante et on vous attribuait alors un numéro. Beaucoup de membres ont également choisi des devises. Dans le cadre du club, ils parlent des chansons qu'on entend dans la série et créent des scénarios dans lesquels Alex doit danser.

Pour la fête, le XDC avait apporté une plaque pour Nicholas. Nicholas avait déjà entendu parler du club et avait accepté d'en devenir un membre honoraire sous le numéro zéro. Keith a donc fait graver cette plaque qui porte le nom de tous les membres du club et, tout en haut, celui de Nicholas. La plaque fut présentée à Nicholas devant toute l'assistance, mais certaines filles dans la foule ont crié que pour la gagner il devait exécuter une danse à la façon d'Alex. Joss et Jeff se sont joints à elle (Joss a même lancé en plaisantant qu'il lui donnerait une augmentation). Nicholas a fini par accepter, mais à une condition. Prenant le micro, il a dit qu'il ne danserait que si David dansait aussi. Karri était en train de parler à David et à son ami Patrick quand c'est arrivé, et elle a dit qu'il avait poussé un soupir puis qu'il avait accepté. Patrick était époustouflé et il fit part à Karri de son étonnement : « Je n'arrive pas à y croire. David ne danse jamais. »

Pendant que David se dirigeait vers la piste, Nicholas continuait ses plaisanteries dans le micro : « La plupart d'entre vous ne connaissent de David que sa face ténébreuse, mais moi je sais que c'est un danseur endiablé. Et pourquoi ça, David ? A cause du fun. » David éclata de rire. Ensemble, ils exécutèrent une danse tordante. « Nicholas à la manière d'Elvis et David à la manière de... En fait, je ne sais pas très bien ce qu'il cherchait à faire », dit Erika en riant. Keith se souvient très clairement de cette scène : « Sous les cris et les acclamations, Nicholas et David gesticulaient sur la piste de danse dans le style inimitable et tellement drôle d'Alex. Nicholas, très inspiré par Elvis, agitait ses bras, faisait des claquettes et a même réussi un grand écart, pour terminer sa performance sur une révérence un peu essoufflée. » Quand ils ont eu fini, Nicholas a accepté son prix et a dit en plaisantant : « Numéro zéro. Vous pensez que c'est bien ? » Pour beaucoup de gens, cette danse a été le clou de la soirée.

Nicholas était poursuivi par les fans pour d'autres raisons plus personnelles. Comme le dit Erika : « Nicholas avait énormément de charme et un sourire éblouissant. Il était très sensible aux compliments et semblait beaucoup apprécier son travail dans la série. » Quelques jours plus tôt, on avait diffusé « Un charme déroutant », et Erika l'a complimenté sur cet épisode qui, de l'avis de nombreux fans, était l'un des meilleurs de la saison. Il s'est montré très touché. De toute évidence, il aimait travailler avec Charisma. Quand Erika lui a dit combien elle était heureuse quand Cordelia et Alex avaient commencé à former un couple dans la série, il a répondu : « Est-ce que c'est pas génial ? » Tammie Purcell a raconté en plaisantant que, pendant un moment de la soirée, elle a dû tenir le verre de Nicholas alors qu'il signait un autographe. En riant, elle dit : « Est-ce que j'ai été tentée de prendre la paille ?... Oh, oui ! Mais j'ai su résister à mon envie. »

Nicholas ne fut pas le seul parmi les célébrités présentes ce soir-là à recevoir un cadeau. Un membre du forum avait eu l'excellente idée de demander à tous ceux qui ne venaient pas de Los Angeles d'apporter une carte de leur ville d'origine. Toutes les cartes postales furent offertes à Joss. De son côté,

Alyson a reçu un dauphin en verre, des petits animaux en peluche appelés des « beanie babies », et un petit singe en jouet jouant des cymbales (à cause du rêve que fait Willow dans « Innocence »). Anthony s'est vu offrir un mélange pour préparer les scones et des caramels anglais, des cadeaux très british. David a reçu, entre autres cadeaux, un paquet de biscuits Tasty Cakes et une cassette vidéo de la pièce *The King and I*, tandis que Jeff et Sophia se sont vu remettre des trousses de premiers secours et une paire de menottes.

Alyson était, des célébrités présentes, la préférée des fans. Comme le dit Samiel : « Les garçons formaient autour d'elle un groupe aussi nombreux que les filles autour de David. » Mais Alyson n'était pas appréciée que de la gent masculine. Erika fut immédiatement attirée par elle : « Alyson est une personne aussi attachante dans la vie que Willow l'est à l'écran. Elle dégage une espèce de charme qui la rend tout de suite sympathique. » Et elle ajoute qu'Alyson était « exceptionnellement belle… très naturelle ». Keith, en revanche, l'a trouvée très différente du personnage qu'elle incarne dans la série : « C'est quand on la rencontre qu'on comprend combien son interprétation de Willow est géniale. Parce que, dans la vie, Alyson est une personne dynamique et pleine d'assurance. Rien à voir avec la très réservée et timide Willow. » Tammie, quant à elle, déclare qu'Alyson « est une personne vraiment délicieuse ».

De tous les acteurs, Anthony Stewart Head est celui qui est le plus différent de son personnage. « Anthony était étonnant, se rappelle Erika. Il donnait l'impression de s'amuser beaucoup. Il était très souriant et plaisantait avec tout le monde. Il a probablement fait battre plus de cœurs que David et Alex réunis. » L'anniversaire d'Anthony tombait six jours après la fête. Tammie avait donc apporté une grande carte qu'elle a fait signer à tout le monde. Comme elle le dit elle-même, ça lui a donné un excellent prétexte pour parler à tous les VIP qui eux aussi ont signé la carte. Quand la carte fut prête, tout le monde dans la salle se mit à chanter *Happy Birthday to You* pour Anthony qui se trouvait à ce moment-là au premier étage. Il est descendu, mais n'avait pas entendu la chanson, si bien que tout le monde la reprit en chœur. Batra se rappelle que l'acteur était tout intimidé et très touché. Tous les fans qui lui ont parlé ce soir-là l'ont trouvé très drôle. Une fille a dit qu'avant de le rencontrer elle ne pouvait pas l'imaginer dans le rôle de Frank N. Furter du *Rocky Horror Picture Show*, mais que, maintenant, elle y arrivait très bien. Karri l'a décrit comme « un hippie, un enfant des années 60. Cet homme est un "trip" ».

L'invité le plus populaire parmi les personnes à qui j'ai parlé était Seth Green. On me l'a décrit comme « un homme qui a les pieds sur terre », « adorable », « la définition du charisme », « un type très bien » et « trognon ». Samiel, qui à un moment s'est trouvé à jouer le porteur d'eau pour Seth, dit de lui : « De toute l'équipe de *Buffy*, Seth est probablement mon acteur préféré. Pas seulement pour son talent, mais aussi pour la bonté qui se dégage de lui. » Seth était venu à l'improviste et n'avait pas de carton d'invitation. Karri se souvient qu'AKA Becker, qui avait lancé les invitations, l'a menacé en plaisantant de lui refuser l'entrée, mais il a ensuite promis de lui envoyer un carton par la poste. Quelques mois plus tard, il a rencontré par hasard Seth à New York. Seth se souvenait de lui et lui a demandé ce qu'était devenue son invitation. Quand AKA Becker a avoué avoir complètement oublié de l'envoyer, Seth l'a menacé en rigolant de lui casser la figure.

Pendant toute la soirée, Seth a parlé aux fans, serré des mains et demandé aux gens quel était leur vrai nom. Il avait l'air vraiment content d'être là. Un garçon qui était présent m'a dit : « Quand vous le rencontrez, vous oubliez toutes les idées préconçues que vous pouvez avoir sur les gosses qui ont grandi dans le milieu du show-biz. » C'est lors de cette fête que les fans ont appris que Seth avait signé un contrat qui ferait de lui un personnage régulier de la troisième saison. Quand l'excitation suscitée par la nouvelle se calma un peu, Erika demanda à Seth s'il accepterait de parler au téléphone avec sa cousine. Elle habitait dans l'Oklahoma et avait créé sur le Web un site qui lui était entièrement consacré. Sans hésitation, Seth s'empara de son téléphone et parla pendant un bon quart d'heure à la cousine d'Erika. Puis, après avoir entendu ses explications, il accepta de faire son site officiel du site Web qu'elle avait créé. Plusieurs personnes ont été frappées par la complicité entre Alyson et Seth. Vu la facilité avec laquelle ils se parlaient, on se doutait qu'ils étaient amis depuis longtemps.

Marcus, un membre du forum, avait eu l'idée judicieuse d'apporter un ordinateur portable et un modem qui fut connecté au *Bronze*. Cette nuit-là, le forum était submergé par les messages des fans qui attendaient des nouvelles de la fête. David, Alyson et Seth envoyèrent leur bonjour à tous ceux qui n'avaient pas pu venir. Karri profita de l'occasion pour montrer à David le site qu'elle lui avait consacré. Il a été tellement impressionné qu'il a absolument tenu à signer le livre d'or. Mais il avoua qu'il ne connaissait rien aux ordinateurs et c'est Karri qui se chargea de créer la signature à sa place. Les fans présents à la fête parvinrent aussi à convaincre Anthony, Alyson, Seth, David et Alex de poser pour une photo sur laquelle ils tiendraient un écriteau destiné à tous ceux qui n'avaient pas pu venir à la fête. Ils posèrent ensuite pour une photo parodique représentant les quatre garçons essayant de mordre Alyson.

La fête dura jusqu'à 1 heure du matin et beaucoup des VIP y restèrent très tard. Cette soirée a non seulement donné aux membres du forum l'occasion de rencontrer les vedettes de leur série préférée mais aussi celle de se faire de nombreux amis parmi les fans présents. Les acteurs et tous les membres de l'équipe ont passé un très bon moment. En guise de remerciement, RD a invité les membres du comité d'organisation à visiter le plateau de *Buffy contre les vampires* quelques jours plus tard. Lors de cette visite, le groupe de fans émerveillés put assister au tournage d'une scène de « La soirée de Sadie Hawkins » et se promener dans les différents décors de la série :

la chambre et la maison de Buffy, le *Bronze* et la cafétéria du lycée que l'on venait de construire pour cet épisode. Jusque-là, toutes les scènes qui se passaient à la cafétéria avaient été tournées en extérieurs. Mais, pour des raisons de commodité, Joss avait finalement décidé d'ajouter ce décor à ceux qui existaient déjà. Un des fans qui assistaient à la visite fut très étonné par le réalisme des décors : « La chambre de Buffy avait un côté très "cosy", mais c'était marrant quand on regardait par la fenêtre de voir le toit qui touchait le sol. Le *Bronze* était plus petit qu'à la télé, mais aussi cool. Le décor que j'ai préféré, c'était celui de la bibliothèque. Elle était exactement telle qu'on la voit à l'écran. Très grande et pleine de livres. J'ai trouvé ça tellement merveilleux d'être dans cet endroit et de regarder autour de moi pendant que défilaient dans ma tête toutes les scènes qui avaient été tournées là ! »

Tous les fans rêvent de rencontrer un jour leurs idoles. Or le temps d'une nuit ce rêve est devenu réalité pour cent fans de *Buffy contre les vampires*. Les membres de l'équipe et leurs admirateurs ont travaillé main dans la main pour mettre sur pied cet événement qui est maintenant passé dans la légende pour tous les fans de *Buffy*. Une autre fête est prévue pour 1999. Pour en savoir plus, connectez-vous au site officiel et faites connaissance avec son forum.

BUFFY CONTRE LES VAMPIRES

Guide des épisodes

Le guide[1] qui va suivre révèle un certain nombre de détails sur l'intrigue de chaque épisode. Donc, si vous préférez la surprise, je vous conseille de ne pas lire le résumé des épisodes que vous n'avez pas encore vus. Il contient également quelques notions de démonologie et une explication des métaphores qui émaillent la série. Je porte l'entière responsabilité des opinions exprimées dans ce guide et vous êtes parfaitement en droit d'être en désaccord avec moi. J'ai voulu faire de cet ouvrage une présentation critique des épisodes. Vous verrez donc que les intrigues sont parfois résumées de façon assez succincte.

La présentation de chaque épisode est suivie de plusieurs paragraphes : MEILLEURE SCÈNE ; ÇA ME CHIFFONNE (dans celui-là, j'ai repris les quelques trucs qui m'ont intriguée, mais que certains d'entre vous pourraient parfaitement expliquer) ; OUPS ! (j'y décris les plus grosses erreurs et les problèmes de montage que j'ai pu remarquer) ; DÉTAIL INTÉRESSANT (j'y donne pour certains épisodes un fait intéressant sur un acteur ou sur la série) ; MUSIQUE (pour cette partie, je dois remercier Leslie Remencus qui m'a donné l'autorisation d'utiliser les informations de son fabuleux site Internet consacré à la musique de *Buffy* ; pour en savoir plus, reportez-vous au chapitre consacré aux différents sites Internet), enfin CULTURE POP (j'y explique certaines références que l'un ou l'autre membre de la bande fait dans l'épisode concerné).

1. Pour pouvoir conserver les références qui sont expliquées dans ce guide, nous avons choisi de traduire fidèlement les phrases de la version américaine qui étaient reprises dans le texte original. *(N.d.T.)*

PREMIÈRE SAISON (DE MARS À JUIN 1997)

LES ACTEURS : Sarah Michelle Gellar : Buffy Summers
Anthony Stewart Head : Rupert Giles
Alyson Hannigan : Willow Rosenberg
Nicholas Brendon : Alex Harris
David Boreanaz : Angel
Charisma Carpenter : Cordelia Chase

1.1 « Bienvenue à Sunnydale » — première partie

TITRE ORIGINAL : *Welcome to the Hellmouth*
DATE DE LA PREMIÈRE DIFFUSION : 10 mars 1997
SCÉNARIO : Joss Whedon
RÉALISATION : Charles Martin Smith
AVEC : Kristine Sutherland : Joyce Summers
Ken Lerner : Bob Flutie, le proviseur
Brian Thompson : Luke
Eric Balfour : Jesse
J. Patrick Lawlor : Thomas
Mark Metcalf : le Maître
Julie Benz : Darla
Nathalie Strauss : le professeur

Après s'être fait vider de son précédent bahut dont elle a incendié le gymnase, Buffy Summers arrive à Sunnydale pour y découvrir que le lycée se dresse sur une bouche de l'enfer et qu'elle doit donc reprendre du service comme Tueuse de vampires.

Cet épisode pilote est absolument génial ! Lors de sa première diffusion, les deux parties qui le composent ont été programmées dans la même soirée, mais je les traite séparément dans ce guide, car elles sont désormais programmées par les chaînes à des moments d'antenne différents. « Bienvenue à Sunnydale » contient tous les ingrédients qui font un bon pilote : une introduction des protagonistes, des informations sur ce qu'était la vie avant que l'histoire débute, un tour d'horizon des lieux dans lesquels va se dérouler l'action et une présentation des principaux thèmes de la série.

L'épisode débute par un bref historique des précédents Tueurs et

Nick, Joss et Alyson.

des lieux dans lesquels les vampires ont sévi. Détail intéressant, tous les Tueurs étaient en fait des Tueuses, mais la série n'explique jamais le pourquoi de cette féminisation du secteur. On voit ensuite deux adolescents pénétrer par effraction dans le lycée. On croit que quelque créature démoniaque va les attaquer. Mais, soudain, la fille jusque-là toute craintive se transforme en vampire et se jette sur son copain. Tout l'art de cette série tient dans cette façon de manipuler avec intelligence le spectateur qu'elle prend toujours au dépourvu.

Première surprise : la série est très différente de ce qu'était le film. La Buffy nouvelle mouture est plus jeune, plus sarcastique, plus futée que l'ancienne, et elle a aussi plus de problèmes personnels. Le film avait un début assez loufoque, mais sur la fin il essayait de redevenir sérieux. La série, en revanche, mélange humour, drame et action, et ses acteurs sont bien meilleurs. (Le film vaut cependant la peine d'être vu, ne serait-ce que pour la scène dans laquelle Paul Reuben meurt.)

Alyson Hannigan est parfaite dans le rôle de Willow, timide, manquant de confiance en soi mais terriblement intelligente. On verra dans les autres épisodes que Willow reste égale à elle-même. Alyson Hannigan avait donc dès le début su se mettre dans la peau de son personnage. Giles, le bibliothécaire très british, est excellent. En tant qu'Observateur, il sait parfaitement quel devoir lui incombe, mais il n'est pas du tout préparé à affronter une Tueuse au caractère rebelle. L'assurance avec laquelle il présente à Buffy le grand livre des vampires nous laisserait supposer qu'il sait très bien ce qu'il fait, mais nous sommes rapidement détrompés en lisant la surprise sur son visage quand celle en qui il a reconnu la Tueuse refuse de prendre le livre.

Comme Alyson Hannigan, Sarah Michelle Gellar semble savoir exactement où elle va emmener son personnage. Buffy est tour à tour pleine d'assurance quand il s'agit de faire sa place, exaspérée quand elle apprend qu'elle va devoir reprendre la chasse aux vampires et sceptique quant à son rôle d'Elue.

David Boreanaz, qui incarne Angel, est bon, mais il ne semble pas encore très à l'aise dans son personnage. Il faudra attendre l'épisode « Alias Angelus » pour voir Angel devenir ce qu'il est encore aujourd'hui. Nicholas Brendon est tout de suite convaincant dans le rôle d'Alex le gaffeur qui, dès sa première apparition, tombe (au sens propre) amoureux fou de Buffy. Dans les premiers épisodes, son numéro d'autodérision devient lassant à la longue, mais il finit heureusement par disparaître. Enfin, Charisma Carpenter est superbe dans le rôle de Cordelia la pimbêche, si mauvaise et pourtant si inconsciente de son propre ridicule qu'elle finit par nous intriguer. Bref, le casting de Buffy est carrément top.

Certaines situations ne sont pas sans rappeler ce qu'on peut trouver dans d'autres pilotes de séries pour ados, mais Whedon les détourne avec beaucoup de subtilité. Par exemple, on retrouve dans beaucoup de séries le proviseur éclairé que nous aimerions tous avoir, celui qui est prêt à effacer votre ardoise pour vous donner une deuxième chance. Mais ici, le proviseur Flutie déchire le dossier de Buffy avant de réaliser qu'elle a réduit en cendres le gymnase de son ancien lycée et passe le reste de la scène à recoller frénétiquement les morceaux tout en faisant à sa nouvelle élève un sermon sur ses responsabilités. Avec cette scène hilarante, Flutie se pose comme l'un des personnages les plus drôles du début de la saison.

Autre aspect intéressant de ce premier épisode, le rêve prophétique que fait Buffy au tout début. On y voit des images de ce qui constituera les thèmes de la saison : le grand livre des vampires, des cimetières, du sang, des cierges, une croix, un Moloch, des vampires. La vision particulière que Whedon nous offre du lycée est un autre thème de la série. Non seulement les élèves ne piaffent pas d'impatience de s'y rendre, mais une fois sur place, ils n'ont qu'une idée en tête : en décamper le plus vite possible. Cordelia est la fille la plus populaire, mais elle est aussi intelligente et très maligne, et colle même souvent la honte à Buffy et à ses copains qui se moquent d'elle. Parce qu'elle vient de Los Angeles, Buffy est vite acceptée par Cordelia, mais elle ne mettra pas longtemps à comprendre que son activité de Tueuse va chambouler pas mal de choses à Sunnydale.

Concilier son devoir de Tueuse et sa vie de lycéenne n'est pas sans poser à Buffy de sérieuses difficultés. Ce thème, abordé très superficiellement dans le film, est au centre de la série. Retournant à la bibliothèque après avoir vu le cadavre de la victime d'un vampire, Buffy annonce à Giles qu'elle prend sa retraite et qu'elle ne veut pas être une Tueuse. « Je veux mener une vie normale », dit-elle, mais Giles sent que l'apocalypse est imminente. Buffy écoute son sens du devoir, mais elle ne prend pas sa mission aussi sérieusement que le voudrait Giles. Au club le Bronze, qui soit dit en passant est une excellente idée de décor à l'atmosphère parfaitement réussie, Giles dit à Buffy de se tenir sur ses gardes car des vampires pourraient se trouver dans la salle. Mais Buffy, au lieu de se faire discrète, montre du doigt, sur la piste de danse, un type qui est habillé comme un néoromantique des années 80. Après tout, les vampires ont, comme les autres, le droit d'être ringards. Le plus drôle, c'est qu'elle ne s'est pas plantée. Même si elle ne possède pas toutes les connaissances livresques que Giles juge indispensables à toute bonne Tueuse, Buffy a, en revanche, un instinct sûr auquel ses amis et elle se fieront pour leur survie.

Cet épisode est donc une excellente introduction à l'univers de *Buffy*, mais je conseillerai à ceux qui ne connaissent pas encore la série de regarder les deux parties de ce pilote s'ils veulent se mettre vraiment dans le bain.

MEILLEURE SCÈNE : Quand Cordélia fait passer à Buffy un test d'admission dans son club très fermé et qu'elle lui fait grâce de l'épreuve écrite.

ÇA ME CHIFFONNE : A la fin de la deuxième saison, nous apprenons que, quand Buffy est arrivée à Sunnydale, cela faisait déjà un moment qu'Angel la suivait. Mais dans le pilote, quand il la rencontre, il lui dit : « Je t'imaginais plus grande. » S'il la suit depuis un an, il doit bien connaître sa taille.

Les deux remarques suivantes concernent l'ensemble de la série.

Pourquoi aucun des personnages n'a-t-il de frères et sœurs ? Les années de lycée donnent souvent lieu à des tensions, des antagonismes mais aussi à de grands moments d'amitié entre frères et sœurs, pourtant Joss Whedon n'a pas exploité ce filon. Essayez d'imaginer Willow s'efforçant de cacher le secret de Buffy à une petite sœur.

Pourquoi ne voit-on jamais une seule goutte de sang sur les dents des vampires ni dans le cou de leurs victimes ? Je comprends qu'il faille protéger les jeunes téléspectateurs, mais ce détail est quand même un peu invraisemblable.

OUPS ! : Quand Buffy suit le vampire dans l'arrière-salle du *Bronze,* elle casse le pied d'un tabouret pour s'en servir comme d'une arme. Mais quand elle le brandit devant Cordelia, il a été parfaitement taillé en forme de pieu.

DÉTAIL INTÉRESSANT : Ken Lerner a joué dans *Les jours heureux* le rôle de Rocko Malachi, un voyou qui cherchait querelle à Richie Cunningham. Joss avoue s'être inspiré de personnes réelles pour écrire ses scénarios. Cordelia serait le nom d'une fille très méchante avec qui sa femme allait au lycée, et Alex aurait beaucoup de traits communs avec son créateur, j'ai nommé Joss Whedon.

MUSIQUE : Le thème du générique est interprété par son compositeur, Nerf Herder, mais il n'est pas encore disponible en CD. Quand Buffy cherche la tenue qu'elle va mettre pour aller au *Bronze*, la chanson qu'on entend est *Saturated* de Sprung Monkey. Quand elle entre au *Bronze* pour la première fois, Sprung Monkey joue sur scène les morceaux *Believe* puis *Swirl.* Quand Buffy quitte le *Bronze* pour chercher Willow, le groupe joue *Things Are Changing*. Tous ces morceaux sont sur l'album *Swirl.* La musique des épisodes de la première saison est l'œuvre du compositeur Walter Murphy.

CULTURE POP : Juste avant de lui planter son pieu dans la poitrine, Buffy dit à Thomas : « Qu'est-ce que c'est que cette façon de se fringuer ? Tu ne peux pas vivre avec ton temps ? Regarde-toi, tu ressembles à DeBarge. » DeBarge est un groupe pop qui, dans les années 80, a écrit plusieurs tubes dont *Rhythm of the Night, Who's Holding Donna Now ?* et *You Wear It Well.* A ce qu'on raconte, leurs tenues de scène étaient du genre voyant.

1.2 « Bienvenue à Sunnydale » — deuxième partie

TITRE ORIGINAL : *The Harvest*
DATE DE LA PREMIÈRE DIFFUSION : 10 mars 1997
SCÉNARIO : Joss Whedon
RÉALISATION : John T. Kretchmer
AVEC : Mercedes McNab : Harmony
Jeffrey Steven Smith : l'étudiant du cours d'informatique
Teddy Lane, Jr : le videur
Deborah Brown : une fille

Giles découvre que le Maître est sur le point d'être libéré grâce à l'intervention de Luke, son serviteur. Buffy doit empêcher la Moisson qui se prépare.

Cette deuxième partie s'attache davantage aux vampires. Nous apprenons ainsi que beaucoup d'entre eux suivent le Maître depuis des siècles. Celui-ci s'est trouvé pris au piège dans une église qui a été engloutie dans une crevasse lors d'un tremblement de terre en 1937. Lorsqu'on découvre la disparition de Jessie, une amie d'Alex et de Willow, un détail de la mythologie « whedonienne » des vampires nous est révélé : un vampire est un démon qui prend possession du corps sans vie de sa victime. Ce démon adopte alors l'apparence et la personnalité du précédent propriétaire du corps, mais pour mieux tromper son monde. En d'autres termes, devenir un vampire est plus une affaire de possession que de transformation. Vous remarquerez avec quelle facilité Buffy et Giles expliquent que Jessie n'est plus Jessie mais un démon. Pourtant, un peu plus tard, quand se pose la question de savoir si oui ou non Angel doit être éliminé, ils se montreront beaucoup moins sûrs d'eux.

Le Maître a désigné Luke pour être son serviteur lors d'un étrange rituel, version pervertie du baptême chrétien. Au lieu de tracer une croix à l'eau bénite sur le front du baptisé, le Maître dessine avec du sang un symbole qui rappelle le logo de Mercedes-Benz (un geste qui peut donner lieu à une myriade d'interprétations que je m'abstiendrai de détailler ici). Toutes ces cérémonies se déroulant dans une église, les scénaristes ont pu en faire des versions inversées des rituels chrétiens. Ainsi, plus tard, le Maître prêche au Juste des Justes, celui qui a reçu la consécration, comme s'il s'agissait d'un membre de sa congrégation infernale.

Darla est un personnage magnifique — une femme vampire à la beauté trompeuse. Comme nous l'apprendrons plus tard, elle choisit à chaque âge une tenue qui lui servira à attirer les hommes. Au XVIIIe siècle, elle portait une robe de marquise, et un kimono dans les années 30. Il est toutefois troublant que le vêtement choisi pour la fin du XXe siècle soit un uniforme de collégienne. Espérons que cela signifie simplement que Darla a compris que ses principales cibles seraient désormais les lycéens. Darla est une femme, un fait assez rare pour être mentionné, car dans les œuvres de fiction les vampires sont presque exclusivement des hommes.

La mère de Buffy est un personnage important de la série, ce qui est assez typique des feuilletons pour adolescents. Elle est très différente dans la série de ce qu'elle était dans le film. Dans le film, les parents de Buffy sont des imbéciles toujours absents, ce qui rend leurs personnages peu vraisemblables. Dans la série, ils sont divorcés et Buffy ne voit son père qu'un week-end de temps en temps. Sa mère est une femme intelligente, mais qui a du mal à comprendre sa fille de seize ans. L'un des moments les plus drôles de cet épisode est la scène où Buffy s'empare de ses instruments de destruction pour empêcher l'apocalypse imminente et que Joyce, sa mère, entre dans sa chambre pour lui annoncer qu'elle n'a pas le droit de sortir cette nuit-là. Elle pense parler à une adolescente parfaitement normale, sans savoir que sa fille est investie d'une importante mission, et elle dit en soupirant : « Tout est une question de vie ou de mort quand on a seize ans ! » « Si tu ne sors pas ce soir, ce ne sera pas la fin du monde », ajoute-t-elle, espérant rassurer sa fille, sans mesurer toute l'ironie de ses paroles.

Les scènes d'action à la fin de cet épisode sont impressionnantes. Et si Sarah a une doublure pour les cascades, le montage est si bien fait qu'on ne remarque rien. Buffy est non seulement douée d'une grande force physique, mais elle est aussi très rusée et se sert de son intelligence pour tromper son adversaire. Par exemple, quand elle fait croire à Luke que la lumière du soleil va le brûler. Même Angel est bluffé quand elle réussit à empêcher Armageddon.

Maintenant, vous pensez peut-être qu'une bande de vampires au visage contrefait qui se nourrissent du sang de membres du club et qui se font rosser par une lycéenne ne peuvent pas ne pas avoir un impact sur les autres élèves. Eh bien, vous allez découvrir que tout n'est pas si compliqué à Sunnydale. Comme le dit Giles : « Ce que les gens ne peuvent pas expliquer de façon rationnelle, ils l'occultent. » C'est ce que nous pouvons constater lorsque Cordelia explique à ses amis que la bagarre au club a été provoquée par des bandes rivales. Et la vie reprend son cours au lycée de Sunnydale sous lequel une bouche de l'enfer géante attend de s'ouvrir pour les dévorer tous.

MEILLEURE SCÈNE : Quand Willow conseille à Cordelia d'utiliser la touche « Delete » pour sauvegarder son programme informatique.

ÇA ME CHIFFONNE : Dans cet épisode, Buffy bondit par-dessus la grille du lycée, puis au *Bronze* elle saute du haut des poutres du toit. Pourtant, dans la deuxième saison, elle ne déploiera plus ces talents surhumains.

OUPS ! : On voit plusieurs fois dans la série des vampires se faire brûler, mais ils ne gardent pas de cicatrices. Dans cet épisode, Darla a le visage aspergé d'eau bénite. Pourtant, quand on la revoit ensuite, elle n'en a gardé aucune trace. Dans « Alias Angelus », Buffy brûle Angel avec une croix, pourtant l'empreinte a disparu quand on le retrouve dans une autre séquence. Et dans la deuxième partie de « Kendra », Drusilla torture Angel avec de l'eau bénite, mais cette fois encore il n'en reste aucune trace. Pourtant, à la fin de ce même épisode, le visage de Spike est brûlé, et il en gardera la trace pendant plusieurs épisodes. Par ailleurs, à un moment, Cordelia dit à Harmony qu'elle va au *Bronze*, parce que c'est vendredi soir et que l'entrée est gratuite, alors qu'à la porte on voit les gens payer, et le lendemain tout le monde est au lycée.

DÉTAIL INTÉRESSANT : Quand cet épisode a été diffusé pour la première fois, la chaîne a montré pendant la coupure publicitaire un spot pour Ford avec Susan Lucci. On dirait que Kendall a surpassé sa maman...

MUSIQUE : Quand Buffy discute avec le proviseur devant la grille, on entend le morceau *Right My Wrong* de Sprung Monkey. Au *Bronze*, quand Cordelia s'exclame : « Oh, j'adore cette chanson ! », elle parle du morceau *Wearing Me Down* des Dashboard Prophets. Quand les vampires vont vers le *Bronze* pour la Moisson, on entend *Ballad for My Dead Friends* des Dashboard Prophets et le morceau se prolonge pendant les scènes d'action qui suivent. Ces deux morceaux sont sur l'album *Burning Out the Inside*.

CULTURE POP : A un moment, Buffy dit à la bande de surveiller la sortie pendant qu'elle s'occupe des vampires, et elle ajoute : « Ne me faites pas le coup de la horde sauvage. » *La horde sauvage* est un western de Sam Peckinpah tourné en 1969 qui fut en son temps le film le plus sanglant jamais vu. L'action, qui se déroule au Mexique en 1913, montre un groupe d'hommes violents qui voient venir la fin de l'âge des cow-boys. En dépit d'un code d'honneur qu'ils partagent avec les représentants de l'ordre lancés à leur poursuite, ils finissent, acculés, par commettre un massacre dans une petite ville mexicaine. *La horde sauvage* est un film fascinant. Il n'est donc pas surprenant qu'il ait eu cette influence sur Joss Whedon. Le chef de la bande dans le film s'appelle Pike. C'est le nom du personnage interprété par Luke Perry dans *Buffy contre les vampires*. Un autre membre de la horde porte le nom d'Angel, lequel étant mexicain finit par être écartelé entre sa bande et son peuple. Ce n'est pas une coïncidence que Whedon ait gardé ce nom pour le personnage très contradictoire d'Angel. (Voir également le résumé de l'épisode « Œufs surprise ».)

1.3 « Sortilège »

TITRE ORIGINAL : *The Witch*
DATE DE LA PREMIÈRE DIFFUSION : 17 mars 1997
SCÉNARIO : Dana Reston
RÉALISATION : Stephen Cragg
AVEC : Elizabeth Anne Allen : Amy Madison
Robin Riker : la Grande Catherine
Kristine Sutherland : Joyce Summers
Jim Doughan : Mr. Pole
Nicole Prescott : Lishanne
Amanda Wilmshurst : la chef des pom-pom girls
William Monaghan : Dr Gregory

Les pom-pom girls du lycée sont victimes d'une étrange maladie. Buffy et sa bande croient qu'une sorcière leur a jeté un sort.

Quand on pense aux sorcières, on évoque généralement les infamants procès en sorcellerie qui ont eu lieu un peu partout en Europe et en Amérique, et en particulier à ceux de Salem. La chasse aux sorcières en Europe fut le fait de l'Eglise catholique romaine d'abord, puis, après la Réforme, des différentes églises protestantes. Bien que ses origines remontent aux XIVe et XVe siècles, c'est seulement deux siècles plus tard qu'elle atteindra son apogée. Les spécialistes de la question ont des avis divergents sur le nombre d'exécutions auxquelles elle a donné lieu. On estime qu'elle pourrait avoir fait entre cent mille et neuf millions de victimes. Il est vrai qu'il était rare de réchapper à un procès pour faits de sorcellerie. Le bûcher ou au mieux le cachot attendait toujours l'accusé. Ce que l'on sait moins, c'est que beaucoup d'enfants accusés de se livrer à la sorcellerie furent mis à mort. Mais dans leur grande majorité, les victimes de ces procès étaient des adultes qui vivaient généralement un peu en marge de leur communauté — il pouvait par exemple s'agir de paysans qui n'assistaient pas aux offices — et leur exécution laissait dans la campagne des hordes d'orphelins affamés contraints de mendier pour survivre.

C'est en Allemagne que les procès furent les plus nombreux, pourtant les plus notoires d'entre tous sont incontestablement ceux qui se déroulèrent dans l'Etat du Massachusetts, à Salem, en 1692. Ces procès étaient différents de ceux qui se tenaient en Europe à cette époque car la plupart des accusés étaient des puritains très dévots qui avaient toujours été des membres respectables de leur communauté. Plusieurs jeunes filles racontèrent qu'elles étaient possédées par le diable et qu'elles pouvaient identifier les sorcières parmi la population de leur village. Pendant les procès, elles étaient prises de convulsions et montraient du doigt les accusés en affirmant qu'ils étaient des sorciers. Pourquoi ces filles se sont-elles conduites ainsi ? Personne ne le sait, mais certains historiens mettent leur comportement sur le compte des frustrations qu'engendrait la société puritaine très stricte de l'époque. A l'issue d'une année de procès, plus d'une vingtaine de personnes avaient été exécutées et environ cent cinquante emprisonnées.

Aujourd'hui, les sorciers existent sous la forme d'adorateurs païens de la nature appartenant à un mouvement religieux appelé Wicca, fondé en 1951 par Gerald Gardner. Beaucoup de sorciers pratiquent une magie bienveillante, la magie blanche, dans le but de soigner et de donner des forces aux gens. Les sorciers et les autres pratiquants de cultes païens ont trois grands principes : rechercher l'amour et l'harmonie avec la nature, suivre la morale païenne qui dit : « Fais ce que tu veux mais sans nuire à autrui » et accepter l'existence de dieux et de déesses sans considérer un sexe supérieur à l'autre. Les sorciers qui s'adonnent à la magie noire pour faire le mal sont condamnés par les autres. La magie obéit à la loi du triple rebond selon laquelle tout acte de sorcellerie est renvoyé trois fois sur celui qui le pratique. Autrement dit, si un sorcier a accompli un rituel de magie noire, il recevra un impact négatif d'une force trois fois supérieure à celle qu'il a déclenchée au départ.

Dans cet épisode de *Buffy*, les scénaristes réussissent avec beaucoup de talent à faire croire au spectateur qu'Amy est une sorcière. Toutefois, le véritable sujet de cet épisode est la précarité des relations qu'entretiennent les adolescents avec leurs parents. Buffy essaie de parler avec sa mère, mais celle-ci est trop absorbée par son travail pour remarquer que sa fille a besoin d'elle. Quand Joyce, à son tour, tente de communiquer avec Buffy, sa fille l'accuse de vouloir la modeler à son image. En fait, Buffy envie la relation qui existe entre Amy et sa mère, et c'est ce qui provoque les tensions avec Joyce. Ce qu'elle ignore, c'est que la mère d'Amy est en réalité une femme violente et autoritaire.

Robin Riker, qui incarne la Grande Catherine, est superbe quand elle joue l'adolescente emprisonnée dans un corps d'adulte. Elle est agitée, comme Amy au début de l'épisode, si bien qu'on croit vraiment qu'elles ne font plus qu'une. La scène dans laquelle Amy (dans le corps de sa mère) raconte à Buffy ce qui est arrivé aurait été plus réaliste si elle avait prétendu que sa mère avait échangé leurs corps deux jours plus tôt. En disant que l'échange s'est fait un mois auparavant, elle nous amène à conclure que la pauvre fille déprimée que l'on voit au début de l'épisode était en fait sa propre mère. Toutefois, cela explique comment la première pom-pom girl a pris feu.

Dans le film aussi, Buffy exprimait le souhait d'être une pom-pom girl. Et Giles, comme le personnage de Merrick, l'Observateur dans le film, s'oppose à ce projet. Il interdit à Buffy de s'adonner à cette activité qu'il considère comme une forme de culte, mais elle ne l'écoute pas. Justement, en parlant de Giles, nous voyons combien il est excité à l'idée de vivre au-dessus de la bouche de l'enfer quand il a du mal à cacher sa joie en apprenant qu'une pom-pom girl a subitement pris feu, une réaction qui lui vaut des regards un peu interloqués des autres.

Willow est géniale dans cet épisode. Quand Alex lui avoue qu'il est amoureux de Buffy, elle est écartelée entre les sentiments qu'elle a pour lui et son amitié pour Buffy. Et lorsqu'il offre à Buffy un bracelet sur lequel est gravé : « A toi pour toujours », le regard peiné de Willow en dit plus long que tous les mots. Cependant, elle ne semble en vouloir ni à Alex ni à Buffy. C'est également dans cet épisode qu'Alex lui dit qu'elle est son « copain », mais un copain qui comprendrait tout de ce que les filles peuvent ressentir. Ensuite, nous voyons sur le visage de Willow un petit air de triomphe quand Buffy à son tour appelle Alex sa « copine ». Willow et Alex jouent désormais un rôle plus actif dans la chasse aux vampires, se considérant comme les adjoints de Buffy. On mesure la force de Willow quand elle tente de retarder la mère d'Amy en se mettant en travers de sa route et qu'elle lui demande : « Dites-moi, est-ce que vous vous déplacez sur un balai ? »

En voyant cet épisode pour la première fois, on peut se demander où sont passés les vampires. Toutefois, comme métaphore des pressions que les parents font subir à leurs enfants adolescents, « Sortilège » est un chef-d'œuvre d'humour.

MEILLEURE SCÈNE : L'interprétation de *Macho Man* par Buffy.

ÇA ME CHIFFONNE : Comment Amy se trouve-t-elle en possession du bracelet de Buffy ?

MUSIQUE : Le morceau qu'on entend pendant l'entraînement de danse d'Ambre est *Twilight Zone* de 2 Unlimited. Il est extrait de l'album *Get Ready For This*.

CULTURE POP : Quand la peau d'Amy vire au bleu sous l'effet du test, Buffy déclare : « Elle est notre Sabrina. » Sabrina est l'héroïne de la série télévisée *Sabrina the Teenage Witch*, laquelle est tirée d'une bande dessinée.

TITRE ORIGINAL : *Teacher's Pet*
DATE DE LA PREMIÈRE DIFFUSION : 25 mars 1997
SCÉNARIO : David Greenwalt
RÉALISATION : Bruce Seth Green
AVEC : Ken Lerner : Bob Flutie, le proviseur
Musetta Vander : Nathalie French
Jean Speegle Howard : la vraie Nathalie French
Jackson Price : Blaine
Jack Knight : le SDF
Michael Ross Verona : un professeur
Karim Gliner : Bud

Alex s'éprend de son professeur de biologie, sans savoir qu'elle est une mante religieuse géante qui a pris une forme humaine.

Alex est le principal personnage de cet épisode. Pour la première fois, nous pouvons comprendre ses angoisses par rapport à sa masculinité. Un peu dur pour un macho d'être amoureux d'une fille qui vous protège et vous sort toujours des plus mauvais pas. « Le chouchou du prof » commence par un rêve dans lequel Alex combat les vampires pour sauver une Buffy sans défense et folle de lui. Sa mission accomplie, il remonte sur scène pour reprendre sa carrière de guitariste dans un groupe de rock. Ce rêve, bien que très drôle, est aussi dérangeant, parce qu'il montre que, si les femmes sont contentes de voir d'autres femmes se défendre enfin toutes seules, cette nouvelle répartition des rôles doit être difficile à vivre pour un homme à qui la société a enseigné qu'il était le héros chargé de sauver les jeunes filles en détresse. Nous découvrons aussi que Buffy a un petit penchant pour Angel. Détail intéressant, c'est lui qui vient trouver Buffy pour la mettre en garde contre un homme avec de grandes griffes d'acier (allusion évidente à Freddie Krueger), lequel sera finalement utilisé pour surmonter un problème plus sérieux : la mante religieuse géante qui prend pour proie des jeunes gens vierges.

Le jeune homme dévoré par une mante religieuse est une métaphore très intelligente de la perte de sa virginité. Les femmes se plaignent souvent du double langage de la société à propos de la sexualité : les jeunes filles doivent rester vierges, tandis que les garçons doivent avoir eu plusieurs « conquêtes » lorsqu'ils quittent le lycée. Or de telles attentes peuvent aussi créer des pressions sur les garçons. Dans cet épisode, Blaine est un stéréotype, mais il se sort admirablement de la situation par sa performance d'acteur. Membre de l'équipe de football du lycée, Blaine arrive facilement à faire avaler à ses copains qu'il a déjà couché avec plusieurs filles. Alex, de son côté, tente le même bluff, mais ça fait un flop total. Willow exprime son admiration pour ces deux garçons qui ont su garder leur virginité, tandis que Buffy adhère au double discours. Elle se montre choquée en apprenant qu'Alex est encore vierge.

C'est alors qu'intervient Nathalie French, une femme très belle qui fait semblant d'en pincer pour Alex. Elle lui offre sa chance de perdre sa virginité et, qui plus est, avec une femme mûre. Ms. French symbolise la pression que la société fait subir aux hommes. Peut-être beaucoup d'entre eux ont-ils leur première expérience sexuelle sans y être vraiment prêts, juste pour répondre aux attentes que l'on place en eux. Pour rendre la métaphore encore plus explicite, les scénaristes ont imaginé une scène dans laquelle Blaine et Alex, emprisonnés dans une cage, regardent avec effroi une créature monstrueuse qui a le projet de les utiliser pour fertiliser ses œufs et de les éliminer une fois qu'ils auront rempli leur rôle de procréateur. Alex, qui doit être sa première proie, écoute, horrifié, Blaine lui décrire par le détail la procédure d'accouplement. Peut-être peut-on également voir dans cette scène une vision symbolique de la réaction qu'ont beaucoup de jeunes garçons en découvrant les réalités de la sexualité.

Mais pourquoi une mante religieuse ? Les raisons de ce choix sont on ne peut plus clairement exposées dans cet épisode. La mante religieuse femelle décapite le mâle pendant l'accouplement, avant de dévorer le reste de son corps. Par ailleurs, les Grecs croyaient que cet animal était doué de pouvoirs surnaturels, à cause de ses deux longues pattes avant qu'il replie devant lui comme s'il priait. Une autre particularité de la mante religieuse est son don de mimétisme. Cet insecte peut prendre la couleur des feuilles de l'arbre dans lequel il élit domicile et ainsi rester inaperçu de ses proies. Ms. French se « camoufle » en professeur, si bien que les garçons ne voient pas le danger. De plus, la mante religieuse ne se nourrit que d'insectes vivants, ce qui explique le sandwich aux criquets que mange Mrs. French.

Bien que l'épisode soit surtout centré sur Alex, il révèle aussi l'insécurité de Buffy. Le Dr Gregory devient pour elle un personnage important, parce qu'il a foi en elle. En dehors de sa petite bande, personne ne croit à sa réussite. Il n'y a qu'à voir comment sa mère ramène toujours sur le tapis des événements du passé pour lui rappeler ses échecs. Quand le Dr Gregory est tué, Buffy reste seule. Revenue à la case départ, elle doit une nouvelle fois faire ses preuves.

Au premier abord, cet épisode n'est ni aussi drôle ni aussi palpitant que les autres, mais il est bien plus profond qu'il n'y paraît.

MEILLEURE SCÈNE : Quand le proviseur Flutie insiste pour que Buffy parle à un psychologue, car elle doit guérir de son expérience traumatisante.

ÇA ME CHIFFONNE : Pourquoi les lunettes du Dr Gregory sont-elles toujours sur le bureau à la fin de l'épisode ? Si elles ont été brisées dans la lutte, la police n'aurait-elle pas dû les garder comme indice ? D'autre part, quand Buffy pourchasse l'homme aux griffes, pourquoi grimpe-t-elle à la clôture ? Ne peut-elle pas sauter par-dessus ? Et Angel n'aurait-il pas pu être un peu plus précis en la mettant en garde contre ce monstre ?

MUSIQUE : Quand Alex entre au *Bronze*, le groupe qui se trouve sur la scène s'appelle Superfine et il interprète un morceau intitulé *Already Met You*. Quand il détruit les œufs de la mante religieuse, on entend *Stoner Love*, du même groupe. Ces deux morceaux sont sur l'album *Stoner Love*.

CULTURE POP : Quand Buffy vient de voir Ms. French tourner sa tête à cent quatre-vingts degrés, elle dit à Willow : « C'était comme dans *L'exorciste* ». *L'exorciste* est un film de 1973 réalisé par William Friedkin. Il raconte l'histoire d'une petite fille, Regan, dont le rôle est interprété par Linda Blair, qu'on croit possédée par le diable. Dans une scène mémorable, Regan tourne sa tête à cent quatre-vingts degrés. Cet épisode est également très marqué par le célèbre film de Mike Nichols sorti en 1967, *Le lauréat*, dont l'acteur principal était Dustin Hoffman.

1.5 « Un premier rendez-vous manqué »

TITRE ORIGINAL : *Never Kill a Boy on the First Date*
DATE DE LA PREMIÈRE DIFFUSION : 31 mars 1997
SCÉNARIO : Rob Des Hotel et Dean Batali
RÉALISATION : David Semel
AVEC : Mark Metcalf : le Maître
Andrew J. Ferchland : Colin, le Juste des Justes
Geoff Meed : Andrew Borber
Christopher Wiehl : Owen
Paul-Felix Montez : le mystérieux garçon
Robert Mont : le chauffeur de la fourgonnette

Buffy accroche le regard d'un très beau garçon du lycée, mais comprend très vite que son activité de Tueuse l'empêche de mener une vie normale.

Les vampires reprennent du service et le Maître continue de chercher un moyen de s'échapper de sa prison souterraine. Un nouvel élément de la prophétie nous est révélé : l'avènement du Juste des Justes, celui qui entraînera Buffy en enfer. Giles découvre à point nommé cette prophétie et passe le reste de l'épisode à essayer de savoir si cet Elu se trouve parmi les victimes d'un accident d'autobus.

Dans « Un premier rendez-vous manqué », on voit se développer la relation entre Buffy et Giles. Il semble désormais plus détendu en sa présence, tout en prenant conscience du fait que Buffy va rencontrer des problèmes personnels qu'il n'avait pas prévus. Quand Owen entre à la bibliothèque, Buffy lui fait les yeux doux, tandis que Giles le traite avec froideur. Buffy doit rappeler à son mentor qu'une bibliothèque est un endroit où les gens sont supposés venir pour emprunter des livres. Curieusement, jusque-là ils n'ont jamais été interrompus (le lycée de Sunnydale ne doit pas compter beaucoup de lecteurs). Buffy est écartelée entre son devoir d'Elue et son désir d'avoir une vie réelle. De son côté, Giles est pris entre son devoir, qui est de former et de discipliner la Tueuse, et l'affection qu'il porte à Buffy. Quand elle le supplie de la laisser aller à son rendez-vous avec Owen, il rétorque qu'elle doit mettre un frein à ses fantaisies pour le bien de l'humanité. Buffy lui explique alors que, pour une fille de seize ans, un rendez-vous avec un beau garçon est plus important que le sort du genre humain.

Peut-être parce qu'il comprend maintenant mieux la position de Buffy, Giles n'insiste pas pour qu'elle arrête le Juste des Justes et la laisse aller au *Bronze* avec Owen. Quand, un peu plus tard, Giles, attaqué par deux vampires, manque de se faire tuer, Willow et Alex vont chercher Buffy. Owen veut jouer les héros et manque lui aussi d'y laisser sa peau. Par cette nuit catastrophique, Buffy est bien obligée d'admettre qu'elle ne mènera jamais une vie normale et qu'un petit ami dans sa vie ne peut que la mettre en danger. Giles lui aussi a évolué. Pour la première fois il prend la figure du père quand il explique à Buffy qu'en apprenant qu'il était désigné pour être son Observateur il avait été informé des sacrifices qu'il devrait faire. Hélas, personne jusqu'à ce moment de l'histoire n'a jamais clairement expliqué toutes ces choses à Buffy !

Les dialogues dans cet épisode sont tip top. En l'espace d'une heure, Buffy et Giles glissent du sarcasme à la sympathie. Au début, quand Giles rappelle à Buffy les graves conséquences que pourrait entraîner le fait de révéler qu'elle est la Tueuse, elle le rassure en lui disant qu'elle ne va pas se mettre à porter un badge qui dirait : « Je suis la Tueuse. Faites attention ! » Puis, quand elle supplie Giles de lui laisser sa soirée pour sortir avec Owen, il lui répond, très sarcastique, qu'il va remonter dans le temps et demander aux prophètes de l'enfer de retarder l'apocalypse d'un jour ou deux pour que la Tueuse puisse vivre sa vie. Pourtant, à la fin de l'épisode, Giles comprend combien ce rendez-vous était important pour Buffy. Buffy, quant à elle, réalise que Giles a raison, et qu'elle doit prendre son devoir beaucoup plus au sérieux.

Cet épisode est très bien construit et il aura des répercussions sur ceux qui vont suivre.

MEILLEURE SCÈNE : Quand Owen, trouvant Giles chez Buffy un soir, s'exclame : « Eh bien, ça, vous faites bien votre travail ! »

ÇA ME CHIFFONNE : Les scénaristes devraient nous fournir une histoire plus précise des Tueurs et des Observateurs du passé. Les précédents Tueurs étaient tous des femmes, pourtant Giles nous révèle que sa grand-mère était une Observatrice. Est-ce une charge héréditaire ? Pourquoi sa famille a-t-elle été choisie pour tenir ce rôle ?

MUSIQUE : Le groupe qui se produit au *Bronze* s'appelle Velvet Chain. Il joue les morceaux *Strong* quand Buffy et Owen descendent sur la piste de danse et *Treason* quand le couple quitte la piste pour aller vers l'escalier. Ces deux morceaux sont extraits de l'album *Groovy Side*. Cordelia et Owen dansent ensemble sur un morceau de Three Day Wheely intitulé *Rotten Apple*, extrait de son album *Rubber Halo*. Et quand Angel vient avertir Buffy du désastre qui se prépare, on entend la chanson *Junky Girl* extraite de l'album du groupe Rubber. Enfin, pendant la dernière conversation que Buffy a avec Owen, on entend la chanson *Let the Sun Fall Down* extraite de l'album de Kim Richey.

CULTURE POP : A la cafétéria, alors qu'Alex vient de demander ce qu'était ce truc vert dans son assiette, Buffy fait tomber son plateau et Owen dit : « Au moins, tu seras dispensée de manger ton Soleil vert. » Il s'agit d'une référence à *Soleil vert*, un classique de la science-fiction sorti en 1973. Charlton Heston en est la vedette. L'action de ce film se passe en 2002. Toutes les réserves de nourriture de la planète ont été épuisées et, pour nourrir les masses, le gouvernement fait fabriquer un aliment appelé Soleil vert. Le détective Thorn, le personnage incarné par Charlton Heston, a des soupçons et décide de mener une enquête afin de déterminer ce qu'est le Soleil vert et comment il est fabriqué. A la fin du film, il découvre avec horreur que le Soleil vert est confectionné à partir de cadavres humains.

1.6 « Les hyènes »

TITRE ORIGINAL : *The Pack*
DATE DE LA PREMIÈRE DIFFUSION : 7 avril 1997
SCÉNARIO : Matt Kiene et Joe Reinkemeyer
RÉALISATION : Bruce Seth Green
AVEC : Ken Lerner : Bob Flutie, le proviseur
Eion Bailey : Kyle
Jeff Maynard : Lance
Brian Gross : Tor
Jennifer Sky : Heidi
Michael McRaine : Rhonda
James Stephens : un gardien du zoo
David Brisbin : Mr. Anderson
Barbara K. Whinnery : Mrs. Anderson
Gregory White : l'entraîneur Herrold

Alex et quatre élèves du lycée sont possédés par l'esprit d'une hyène et se mettent à attaquer les gens.

« Les hyènes » parle des petites terreurs qui sévissent dans tous les établissements scolaires et de la cruauté irréfléchie dont peuvent parfois faire preuve les lycéens dans leurs rapports avec les autres. Lors d'une visite au zoo (les sorties scolaires ne sont-elles pas l'espace de défoulement préféré des brutes de cette espèce ?), Buffy est malmenée par un groupe d'élèves. Elle confiera plus tard à Alex et à Willow qu'elle a ces visites en horreur.

Les quatre terreurs, qui pourchassent leur souffre-douleur préféré, entrent dans le pavillon des hyènes, suivies par Alex, et sont alors victimes d'un étrange phénomène de possession. La possession, comme nous l'apprendrons par la suite, peut parfois frapper ceux qui se comportent en prédateurs. Les quatre voyous en sont victimes parce qu'ils poursuivaient Lance, et Alex parce qu'il les poursuivait. Pendant tout l'épisode, les cinq possédés, comme les bandes au lycée, formeront un groupe soudé pareil à une meute. La légende de la hyène qui apprend le nom de ses proies pour mieux les attirer dans ses pièges peut être mise en parallèle avec les terreurs qui apprennent le nom de leur victime, trompent celle-ci en lui faisant croire qu'elles vont l'accepter dans leur groupe puis en font un souffre-douleur, comme cela se passe ici avec Lance. L'idée du match de balle au chasseur est excellente. La simple mention de ce sport barbare donne des frissons à tous ceux qui se sont un jour trouvés du mauvais côté d'une partie.

Au début, Giles ne trouve rien d'anormal au comportement des possédés qui se conduisent comme toute terreur qui se respecte. S'en prendre aux faibles, changer brusquement de façon de s'habiller et de se comporter, passer son temps à traîner avec une bande d'abrutis sont pour lui des traits de personnalité parfaitement prévisibles chez un adolescent et ne prouvent en rien qu'Alex soit en train de se métamorphoser en animal, comme le pense Buffy. Sa réplique sarcastique à Buffy, quand il lui dit : « Mais bien sûr que tu devras le tuer », est d'une drôlerie féroce, étant donné les circonstances. Pourtant, Buffy sait que quelque chose ne tourne pas rond, pas à cause des autres — après tout, leur comportement n'est pas très différent de ce qu'il a toujours été — mais à cause d'Alex. Quand il traite Willow de face de crapaud geignard, celle-ci a l'impression de vivre un cauchemar, et son visage prend alors une expression horrifiée. Alyson Hannigan est excellente dans cette scène.

Cet épisode traite aussi d'un autre sujet délicat, celui du viol commis par un petit copain. Alex agresse Buffy et lui dit qu'elle aussi en a forcément envie parce qu'il est maintenant aussi dangereux et inquiétant qu'Angel. Sans ses pouvoirs de Tueuse, Buffy ne se serait probablement pas sortie de ce mauvais pas mais, heureusement, elle réussit à s'échapper. Cette scène est très juste et parfaitement réalisée.

Il est rassurant de voir que la première chose que fait Alex en retrouvant ses esprits est de sauver Willow, Willow qui a assez de maturité pour comprendre qu'il n'était pas lui-même quand il s'est conduit comme un animal. Toutefois, la fin de l'épisode laisse le spectateur sur sa faim quant à l'avenir de leur relation. Si sa tentative de viol sur la personne de Buffy était motivée par un désir réel, alors sa façon de traiter Willow était-elle aussi l'expression des sentiments qu'il éprouve secrètement à son égard ? Pour laisser planer encore davantage le doute, Giles dit que, dans ses livres, il n'est écrit nulle part que ces cas de possession provoquent une amnésie chez ceux qui en sont victimes. Il a raison. Pourtant, vous remarquerez plus tard, dans l'épisode intitulé « Pleine lune », que tout le monde accepte qu'Oz ne garde aucun souvenir de ce qu'il a fait lorsqu'il était un loup-garou.

Au grand regret de tous, cet épisode marque la dernière apparition du proviseur Flutie qui était un personnage absolument hilarant. J'ai bien sûr été choquée de voir mourir l'un des principaux personnages, mais j'ai aussi été fascinée, parce que j'ai su alors combien cette série était imprévisible. Ah, cher proviseur Flutie, nous avions à peine eu le temps de vous connaître !

MEILLEURE SCÈNE : La réaction de Willow devant l'accouplement des zèbres : « C'est comme les chevaux… avec des rayures. »

ÇA ME CHIFFONNE : Pourquoi Buffy est-elle la seule fille au gymnase à porter un T-shirt avec des bretelles ? Est-ce que c'est un truc très grossier pour faire ressortir du groupe l'actrice principale ?

MUSIQUE : Quand Alex commence à se conduire de façon très étrange avec Willow et Buffy au *Bronze*, on entend le morceau *All You Want* des Dashboard Prophets. Quand Kyle et ses amis entrent au *Bronze*, Sprung Money interprète *Reluctant Man*. L'une des meilleures utilisations de la musique dans la série est cette séquence au ralenti dans laquelle on voit Alex et la meute déambuler sur le campus de Sunnydale. Le morceau qu'on entend alors est extrait de l'album de Far, *Tin Cans and Strings for You*. Il s'intitule *Job's Eyes*.

CULTURE POP : Quand Giles tente de trouver une explication parfaitement rationnelle à l'étrange comportement d'Alex, Buffy s'exclame : « Tu ne vas pas te mettre à jouer les Scully ! » Le plus gros sujet de plaisanterie parmi les fans de la série *X-Files*, c'est qu'au bout de cinq saisons, après avoir été le témoin de toutes sortes de phénomènes paranormaux, Dana Scully s'obstine toujours à tout expliquer et refuse de croire que « la vérité est ailleurs ».

1.7 « Alias Angelus »

TITRE ORIGINAL : *Angel*
DATE DE LA PREMIÈRE DIFFUSION : 14 avril 1997
SCÉNARIO : David Greenwalt
RÉALISATION : Scott Brazil
AVEC : Mark Metcalf : le Maître
Kristine Sutherland : Joyce Summers
Andrew J. Ferchland : Colin, le Juste des Justes
Charles Wesley : le méchant vampire
Julie Benz : Darla

Buffy ose enfin s'avouer les sentiments qu'elle porte à Angel, mais c'est pour découvrir qu'il est un vampire.

« Alias Angelus » est une réussite. C'est probablement l'épisode le plus important pour la deuxième saison. Il commence par une scène dans laquelle Buffy confie à Willow ses sentiments pour Angel, bien qu'elle n'ait jamais manifesté jusque-là beaucoup d'intérêt pour lui. Est-ce qu'elle s'est mise récemment à penser à lui davantage ? On imagine que cette situation ne doit pas être facile pour Willow. L'amour de Buffy pour Angel n'est pas sans rappeler ses propres sentiments pour Alex. Pourtant Buffy a plus de chance avec Angel qu'elle avec Alex.

Nous retrouvons le Maître qui envoie trois redoutables guerriers exterminer Buffy. La scène de bagarre entre le trio et Buffy est un grand moment. Comme cela sera souvent le cas, Buffy est sauvée par Angel, et les plans diaboliques du Maître seront déjoués une fois de plus. Le Juste des Justes reçoit l'enseignement du Maître. Mais on se dit qu'il devrait commencer à sérieusement s'interroger sur le pouvoir de ces vampires puisque aucun d'eux n'est encore venu à bout de la Tueuse.

La scène du baiser pendant laquelle Angel se transforme accidentellement en vampire est bien trouvée, mais on l'avait vue venir de loin. Comment Angel aurait-il pu autrement posséder toutes ses connaissances sur les vampires ? Le fait qu'Angel soit lui-même un vampire explique aussi pourquoi ses apparitions sont aussi courtes. Nous apprenons sur lui beaucoup de choses dans cet épisode. Angel a deux cent quarante et un ans. Il était autrefois un vampire très cruel, jusqu'à ce que, victime d'une malédiction tsigane, il retrouve une âme, et avec elle les affres de la culpabilité. C'est maintenant un vampire qui ne veut plus tuer d'êtres humains. Son visage se transforme quand il se met en colère, mais il éprouve pour Buffy des sentiments qu'il n'a probablement pas connus depuis longtemps, et c'est pourquoi il se métamorphose accidentellement. (Doit-on y voir une métaphore de ce qui arrive aux ados quand ils sont excités ?) On entend alors Buffy hurler pour la première fois. Elle a l'habitude de côtoyer les vampires, mais de là à voir son petit copain prendre l'apparence d'un de ces monstres !

Comme si sa condition de Tueuse n'était pas assez pour cette fille de seize ans, elle doit maintenant vivre avec l'idée que son petit ami est un vampire. Alex, qui fait toujours preuve d'un grand manque de tact envers Buffy quand il s'agit d'Angel, lui annonce froidement qu'elle va devoir zigouiller son amoureux. Giles lui dit la même chose, mais en y mettant davantage les formes. En effet, il lui explique, comme il l'a déjà fait dans l'épisode pilote à propos de Jessie, qu'un vampire prend la personnalité et l'apparence de sa victime, mais que cette personne est morte. Dans le cas d'Angel, cependant, cette théorie ne tient pas la route. En effet, si Angel a une âme, cela ne signifie-t-il pas que le démon ne lui a pas pris sa personnalité, mais qu'au contraire il la partage avec lui ? Et si Angel est bien mort, les Tsiganes, en lui rendant une âme, n'ont-ils pas donné une conscience au démon qui l'habite ? Si ces questions sont troublantes pour tout le monde, alors imaginez dans quelle confusion est plongée Buffy. Vis-à-vis d'Angel, ses sentiments sont partagés. D'ailleurs, dans un prochain épisode, on la verra regretter de ne pas l'avoir tué quand elle en avait l'occasion. Mais si elle l'avait fait, que serait-il arrivé ? Aurait-elle pu continuer à vivre sans savoir ce qu'il allait advenir de lui ?

De son côté, Angel doit livrer une autre bataille mais, cette fois, sans l'aide de Darla. Darla a été sa compagne pendant plusieurs siècles. Or maintenant qu'elle devine ce qu'il éprouve pour Buffy, elle doit lui rappeler qu'une histoire d'amour entre eux est impossible. Comment peut-on sortir avec une mortelle quand on a plus de deux cents ans, qu'on ne se nourrit que de sang, qu'on ne supporte pas la lumière du jour et qu'on doit se tenir à chaque instant sur ses gardes de peur de perdre le contrôle de ses actes et de tuer sa bien-aimée ? Comme Giles, Alex et Willow tentent d'expliquer à Buffy pourquoi elle ne peut pas sortir avec un vampire, Darla essaie de convaincre Angel qu'il ne peut pas être amoureux d'une mortelle. Quand Darla fait croire à Buffy qu'Angel a attaqué sa mère, ce qui est le plus déroutant, c'est le regard de convoitise qu'Angel pose sur la blessure que Joyce a dans le cou.

Cet épisode montre avec beaucoup d'intelligence comment un couple est influencé par des forces extérieures, famille et amis, qui tentent d'imposer leurs valeurs et empêchent les deux partenaires d'accepter leurs différences. Buffy et Angel sont poussés à l'affrontement par leur entourage, pourtant aucun d'eux ne peut se résoudre à tuer l'autre.

C'est dans cet épisode que Buffy utilise pour la première fois une arme autre que son traditionnel pieu. Ici, elle se sert d'un bâton, puis d'une arbalète, une arme qu'elle emploiera de nouveau dans « Le manuscrit ». Il est également fait mention du journal intime de Buffy, ce qui m'amène à poser la question suivante : tient-elle un journal parce qu'elle est une Tueuse ou tout simplement parce qu'elle est une jeune fille de seize ans ? Giles fait souvent allusion aux journaux des Observateurs, mais sans jamais parler de ceux qu'auraient pu laisser les précédentes Tueuses.

Cet épisode est admirablement bien écrit et interprété. Boreanaz sait ce qu'il fait avec le personnage d'Angel. En revoyant « Alias Angelus » après avoir suivi la deuxième saison, on constate que les premiers épisodes contenaient déjà des indices de ce qui allait arriver ensuite. La scène finale dans laquelle Buffy et Angel se disent que leur amour n'a aucune chance est poignante, comme l'est la brûlure que la croix de Buffy laisse sur la peau de son bien-aimé.

MEILLEURE SCÈNE : La partie de fumigation des cafards.

ÇA ME CHIFFONNE : Quand Giles comprend que c'est Darla qui a mordu Joyce, et pas Angel, il quitte immédiatement l'hôpital pour empêcher

Buffy de tuer Angel. Pourquoi ? Angel, après tout, est toujours un vampire. De plus, si Darla a vraiment été la favorite du Maître pendant quatre cents ans, pourquoi celui-ci ne la traite-t-il pas avec plus d'égards ?

OUPS ! : Quand Angel explique à Buffy comment il a retrouvé son âme, il avoue que c'était parce qu'il avait tué une fille du clan tsigane des Romani. Or il s'agit du clan des Kalderash. Romani est le nom de la langue parlée par les gitans, pas celui d'une tribu.

MUSIQUE : Quand Buffy et Angel se disent adieu à la fin de l'épisode, on entend la chanson *I'll Remember You* (un titre de circonstance) extraite de l'album de Sophie Zelmani.

CULTURE POP : La scène dans laquelle Darla, allongée sur le dos sur la table de billard, tire sur Buffy rappelle des séquences des films de John Woo. Des scènes identiques se retrouvent dans les films *The Killer* et *A toute épreuve* avec l'acteur Chow Yun Fat, ainsi que dans *Volte/Face* avec John Travolta.

1.8 « Moloch »

TITRE ORIGINAL : *I Robot, You Jane*
DATE DE LA PREMIÈRE DIFFUSION : 28 avril 1997
SCÉNARIO : Ashley Gable et Thomas A. Swyden
RÉALISATION : Stephen Posey
AVEC : Robia LaMorte : Jenny Calendar
Jamison Ryan : Fritz
Mark Deakins : Malcolm/Moloch
Chad Lindberg : Dave
Pierrino Mascarino : Thelonius
Edith Fields : l'infirmière du lycée
Damon Sharp : un étudiant

Willow s'éprend d'un garçon dont elle a fait connaissance par Internet, ignorant qu'il s'agit d'un démon païen qui veut dominer le monde en prenant le contrôle des systèmes informatiques.

Cet épisode est sans conteste le plus abracadabrant de la saison, et l'apparition du robot dans la dernière séquence fera lever les yeux au ciel à plus d'un téléspectateur. Toutefois, l'utilisation de Moloch est une idée plutôt bonne, puisqu'il était l'un des démons les plus redoutés de la mythologie païenne.

On fait remonter l'origine du culte à Moloch aux Cananéens, car son nom est pour la première fois cité dans la Bible en relation avec ce peuple. Les adorateurs de Moloch lui sacrifiaient un de leurs enfants, en général le premier-né, une pratique que Dieu interdit aux juifs de suivre. « Tu ne livreras pas l'un de tes enfants au Moloch et tu ne profaneras pas le nom de ton dieu. » (Lévithique 18, 21.)

La Bible fait encore mention de ce culte à propos de deux rois, Akhaz et Manassé de Juda, qui lui ont sacrifié leurs fils. Puis, dans le livre des Rois II 23, 10, le roi Josias fait détruire le temple consacré à Moloch pour mettre un terme à ces sacrifices.

Les étudiants en littérature anglaise connaissent déjà le nom de Moloch qui est l'un des mignons de Satan dans le poème *Paradis perdu* de John Milton. Quand Satan livre bataille au paradis, Moloch est un des plus ardents combattants. Il est d'ailleurs le premier suppôt de Satan dont le nom soit cité.

Dans la suite du poème, quand Satan tient son conseil infernal et demande à ses diables s'ils doivent ou non déclarer la guerre au paradis, c'est encore Moloch, le chef des armées de l'enfer, qui prend le premier la parole. Il incite ses compagnons à livrer cette guerre, arguant qu'au pire ils risquent de mourir, ce qui serait un sort bien plus clément que de rôtir en enfer.

La référence à l'œuvre de Milton dans *Buffy* est évidente, car le sort du Maître n'est pas sans rappeler celui de Satan dans le poème. Satan s'étant révolté contre le paradis est envoyé, avec les anges qui l'ont soutenu, dans un effroyable puits de feu souterrain. C'est depuis cet enfer qu'il complote pour s'échapper et aller combattre une fois de plus l'armée de Dieu. Comme Satan, le Maître est captif d'une prison souterraine, bien que les vampires, ses disciples, aient la possibilité de remonter parfois à la surface. Beaucoup des discours du Maître ont également une étrange ressemblance avec ceux du Satan de Milton.

Détail dérangeant de cet épisode, les allusions, intentionnelles ou non, à l'Allemagne nazie. Moloch fait penser à une réincarnation de Hitler et ses divers niveaux de contrôle rappellent le pouvoir qu'exerçait le Führer sur l'Allemagne des années 30 et 40. Moloch est un meneur d'hommes qui dit à ses adorateurs qu'il les aime mais qui n'hésite pas à tuer ceux qui lui ont fait confiance. Internet est porteur d'espoir dans un avenir meilleur — comme a pu l'être le nazisme pour certains. Quand les choses commencent à mal tourner, tout le monde comprend qu'il est aussi potentiellement dangereux, mais il est déjà trop tard. L'un des pirates informatiques qui fait le sale boulot pour Moloch s'appelle Fritz, le nom que les Alliés donnaient aux soldats allemands. Moloch est le dieu du sacrifice humain. D'ailleurs, Buffy manque de mourir électrocutée dans une cabine de douche et, plus tard, elle se trouve prise au piège avec Alex dans une chambre à gaz. Craignant peut-être que ces références soient trop subtiles, les scénaristes enfoncent le clou quand Moloch change le devoir d'un étudiant pour qu'on y lise : « L'Allemagne nazie fut un modèle de société organisée. » Le parallèle est intéressant, mais les intentions des scénaristes ne sont pas des plus claires. Pourquoi cette référence au nazisme ?

Dans le domaine de l'informatique, la série dans son ensemble accuse quelques lacunes. Par exemple, quand Buffy essaie de retrouver le dossier de Willow pour le détruire, elle tape son nom dans l'utilitaire de recherche. Alors que si on y regarde de plus près, on voit que le dossier en question se trouvait déjà sur le bureau. D'autre part, Willow ne semble pas très perturbée par le fait que son ordinateur lui signale qu'elle n'a pas de courrier, alors qu'elle n'est même pas connectée (le modem doit être en fonction pour que l'ordinateur puisse détecter la présence de nouveaux messages). Quand Malcolm fouille dans les enregistrements du proviseur pour y trouver des infos sur Buffy, les dossiers ne devraient pas être visibles à l'écran. En effet, s'il accède aux dossiers depuis l'intérieur du système, ceux-ci ne devraient pas s'ouvrir à l'écran. Enfin, quand Willow scanne les pages, tout le texte apparaît alors qu'elle n'a passé le scanner que sur certaines portions.

Cet épisode traite d'un sujet très important, à savoir les dangers potentiels d'Internet. Beaucoup de gens de nos jours l'utilisent comme principal moyen de communication, ce qui signifie que les sommes d'informations véhiculées chaque jour par le réseau mondial sont absolument considérables. De toutes les créatures monstrueuses et démoniaques de la série, celle-ci est l'une des plus réalistes.

Whedon devait avoir anticipé le succès qu'aurait *Buffy* sur le Web et cette évocation des dangers du réseau mondial est aujourd'hui très pertinente. Comme Buffy, Ms. Calendar et Giles se demandent ce qu'il adviendrait si quelqu'un avait accès à l'ensemble des systèmes informatiques de la planète. Imaginez le scénario catastrophe : on pourrait lire du courrier privé, modifier des comptes bancaires, effacer des dossiers médicaux, etc. Dans cet épisode, on voit pour la première fois Ms. Calendar qui, à l'origine, n'était pas destinée à devenir un personnage récurrent mais une sorte d'alchimie s'opère entre elle et Giles, c'est pourquoi les scénaristes ont décidé de la garder. La polémique qui les oppose est cependant assez manichéenne : soit on surfe sur le Web soit on lit des livres. Comme si ces deux mondes ne pouvaient pas coexister.

« Moloch » avait un grand potentiel, mais à l'arrivée c'est l'épisode que j'ai le moins aimé dans la première saison.

MEILLEURE SCÈNE : Quand Buffy, Alex et Willow réalisent qu'ils n'auront jamais de relations normales tant qu'ils vivront au-dessus de la bouche de l'enfer.

ÇA ME CHIFFONNE : Alyson Hannigan a dit dans une interview qu'elle avait trouvé étrange de parler à son ordinateur pendant qu'elle tapait sur le clavier. Pourquoi ne pas nous avoir simplement montré l'écran à ce moment-là ?

OUPS ! : Cette erreur est si énorme qu'il ne peut s'agir que d'une plaisanterie. Quand Moloch trouve le dossier de Buffy sur l'ordinateur du proviseur, il lit qu'elle est en première année et qu'elle est née le 24 octobre 1980, mais, quand il transfère le fichier sur l'ordinateur de Fritz, on peut lire qu'elle est en dernière année et qu'elle est née le 6 mai 1979. Cette incohérence est peut-être due au fait que, dans le film, Buffy est une élève de dernière année, alors qu'elle est en première année dans la série. De plus, si vous regardez image par image la scène dans laquelle Malcolm/Moloch fait défiler les dossiers, vous verrez que ce sont les mêmes cinq ou six visages qui reviennent en boucle.

1.9 « La marionnette »

TITRE ORIGINAL : *The Puppet Show*
DATE DE LA PREMIÈRE DIFFUSION : 5 mai 1997
SCÉNARIO : Dean Batali et Rob Des Hotel
RÉALISATION : Ellen S. Pressman
AVEC : Kristine Sutherland : Joyce Summers
Richard Werner : Morgan
Burke Roberts : Marc
Armin Shimerman : le proviseur Snyder
Lenora May : Mrs. Jackson
Chasen Hampton : Elliot
Natasha Pearce : Lisa
Tom Wyner : la voix de Sid

Quand on retrouve le cadavre de plusieurs lycéens auxquels il manque des organes, les soupçons de Buffy et de sa bande se portent sur un ventriloque dont la marionnette semble étrangement vivante.

C'est certainement l'épisode le plus hilarant de la première saison. Sid, la marionnette, est tordante. L'action débute lors du très ringard spectacle annuel de l'école, avec ses habituels magiciens nuls, ses acteurs qui ne savent pas jouer et Cordelia qui nous gratifie d'une version lamentable de *The Greatest Love of All*. C'est aussi dans cet épisode que nous faisons la connaissance du proviseur Snyder, « notre nouveau Führer », comme l'appelle Giles. En se présentant, il lâche l'une des phrases les plus marrantes de la série, une phrase d'autant plus drôle qu'elle est prononcée avec le plus grand sérieux : « Mon prédécesseur adhérait à toutes ces théories absurdes sur le développement du contact, mais il a fini par se faire manger. » Dans « Les hyènes », la bande s'était demandé comment le lycée allait pouvoir se doter d'un nouveau proviseur. Ils avaient fini par conclure que le seul candidat possible serait totalement ignorant de ce qui s'était passé. Le fait que Snyder ait pris ce poste en sachant très bien ce qui était arrivé à Flutie le rend immédiatement suspect aux yeux de Buffy et de ses amis. Il est peut-être le démon qu'ils recherchent.

La marionnette du ventriloque fiche vraiment la trouille et la vitesse à laquelle elle court dans la chambre de Buffy est terrifiante. (Sarah Michelle Gellar a avoué avoir eu des cauchemars quand elle tournait cet épisode.) La voix de Sid est géniale avec ses accents rauques de gangster des années 30. Elle est aussi surprenante, parce qu'on attend généralement des marionnettes de ventriloque qu'elles aient une voix aiguë et nasillarde. Un détail reste cependant inexpliqué : pourquoi Morgan a-t-il été élu pour être le propriétaire de Sid ? Pourquoi Sid se montre-t-il si cruel avec lui ? Sid raconte à un moment qu'avant qu'un sortilège l'enferme dans un corps de marionnette il avait eu une aventure avec une Tueuse coréenne. On apprend à cette occasion que l'activité de Tueuse est internationale.

Une fois de plus, comme elle l'a fait dans « Le chouchou du prof » en apprenant la mort du Dr Gregory, Cordelia fait un numéro mélodramatique de lamentation pour le danseur qui s'est fait tuer. Nous apprenons bientôt — sans grande surprise — qu'elle est terrifiée à l'idée qu'elle aurait pu être à la place de la victime. Toutefois, si elle était blessante avec Willow dans le pilote et carrément méchante avec Amy dans « Sortilège », Cordelia et son personnage égocentrique semblent avoir été relégués au rang de ressort comique et du coup deviennent beaucoup plus sympathiques. Dans la seconde saison, nous lui devrons quelques-unes des reparties les plus hilarantes.

Cet épisode est le seul dont l'action continue pendant le générique de fin. La scène où la bande s'essaie avec un manque de talent pathétique à la tragédie grecque est à se rouler par terre. Et la tête que font les gens dans le public ajoute encore à la drôlerie du moment. Dans « La marionnette », il n'est pas du tout question de vampires. Toutefois, cet épisode contient certaines des reparties les plus drôles jamais entendues jusque-là.

MEILLEURE SCÈNE : Quand Alex joue avec la marionnette dans la bibliothèque et qu'il nous fait un vrai numéro.

ÇA ME CHIFFONNE : A un moment, Joyce entre dans la chambre de Buffy et lui dit qu'elle a remarqué que quelque chose la préoccupait. Une élève vient de se faire tuer dans le lycée de sa fille, qu'est-ce qu'elle s'imagine ?

DÉTAIL INTÉRESSANT : Quand Buffy cherche Morgan et qu'elle marche sous la scène, on peut voir sur le mur derrière elle une peinture représentant le dieu Moloch.

CULTURE POP : Quand Sid disparaît après avoir affirmé à la bande qu'il était de leur côté, Alex demande : « C'est étrange, mais j'ai comme l'impression d'avoir été Kaiser Sozé ? » Pour comprendre cette référence, il faut voir l'excellent film *The Usual Suspects* sorti en 1992. Je gâcherais tout votre plaisir en vous expliquant cette phrase d'Alex, mais faites-moi confiance et allez louer ce film.

1.10 « Billy »

TITRE ORIGINAL : *Nightmares*
DATE DE LA PREMIÈRE DIFFUSION : 12 mai 1997
SCÉNARIO : David Greenwalt d'après une histoire de Joss Whedon
RÉALISATION : Bruce Seth Green
AVEC : Andrew J. Ferchland : le Juste des Justes
Dean Butler : Hank Summers
Jeremy Foley : Billy Palmer
Justin Urich : Wendel
J. Robin Miller : Laura
Terry Cain : Ms. Tischler
Scott Harlan : Aldo Gianfranco
Brian Pietro : l'entraîneur

Les gens de Sunnydale voient se réaliser leurs pires cauchemars. Buffy et sa bande doivent découvrir ce qui provoque ce phénomène avant que le monde ne soit détruit.

Quel est votre pire cauchemar ? Etre prisonnier d'un immeuble en flammes, tomber d'une falaise, d'un bateau ? Ces désastres sont au palmarès du film catastrophe. Mais on peut imaginer pire : par exemple, entendre son propre père vous annoncer que vous n'avez été dans sa vie qu'une erreur.

Avec « Billy », Joss Whedon met le doigt là où ça fait mal, et c'est ce qui rend cet épisode si terrifiant. Il sait ce qui inquiète et effraie les ados, mais aussi ce qui les rend heureux. Dans cet épisode, les cauchemars des personnages ne sont que des prolongements de leur personnalité. Cordelia craint d'avoir de vilains cheveux, de porter des vêtements tartes et d'être obligée d'entrer au club d'échecs du bahut. Alex, le bouffon de la bande, a peur des clowns. Giles ne sait plus lire. Willow est obligée de monter sur une scène. Au premier abord, on peut penser que toutes ces phobies n'arriveront pas à faire un film d'épouvante, pourtant le procédé marche. Justement parce que ces peurs sont bien réelles.

Le pire de tous les cauchemars est cette scène dans laquelle Buffy entend de la bouche de son propre père qu'elle a été la cause de la séparation de ses parents. Une telle révélation serait dévastatrice pour n'importe quel enfant de divorcés. Si l'on considère combien d'enfants se jugent responsables de tous les malheurs qui s'abattent sur leur famille, on peut imaginer qu'entendre son propre père vous assener cette vérité avec la cruauté dont fait preuve Hank Summers puisse briser à jamais le cœur de quelqu'un. Dans cette scène, Buffy a d'abord l'air choquée, puis son visage prend une expression qui montre bien qu'elle vient d'être anéantie par l'homme qui compte le plus dans sa vie. Et même après, quand elle comprend que tout cela n'était pas vrai, on devine que cet incident laissera chez elle une cicatrice qui ne s'effacera pas facilement.

Ironie du scénario, le seul qui trouve le courage de combattre ses démons est Alex. C'est quand il décide de ne plus courir qu'il parvient à détruire sa peur d'un clown qui l'a poursuivi toute sa vie. On ne comprend pas bien comment le corps astral de Billy peut avoir cet effet perturbateur sur les gens, mais on sait bien qu'il n'est pas nécessaire de tout expliquer quand on vit au-dessus d'une bouche de l'enfer. Billy, victime des brimades d'un entraîneur sportif violent, est hanté dans son coma par un cauchemar dans lequel il est pourchassé par un ogre. Voilà une situation à laquelle sont confrontés beaucoup de jeunes garçons et dont les parents ne mesurent pas toujours la gravité.

Bien qu'on comprenne pourquoi les habitants de Sunnydale rationalisent toutes les bizarreries provoquées par la bouche de l'enfer, on a du mal à croire dans cet épisode qu'ils puissent facilement effacer de leur mémoire tous les fléaux qui se sont abattus sur eux. Vers la fin, les cauchemars prennent un tour encore plus effrayant. Giles et Buffy affrontent alors la pire de leurs craintes : Giles quand il voit Buffy morte et Buffy quand elle se transforme en vampire. La scène dans laquelle Giles s'agenouille sur la tombe de Buffy est poignante, parce qu'on comprend alors combien il tient à elle.

Cet épisode est terrifiant à souhait, mais on pourra déplorer que les cauchemars de Buffy supplantent ceux de tous les autres personnages. On constate ici que son problème qui consiste à concilier sa condition de Tueuse et sa vie d'adolescente ne hante pas que ses journées. La bouche de l'enfer peut engendrer les monstres les plus hideux, mais rien n'est aussi épouvantable que les angoisses engendrées par notre propre imagination.

MEILLEURE SCÈNE : L'ironie contenue dans l'affiche « Fumer tue » épinglée sur le mur de la cave.

ÇA ME CHIFFONNE : A la fin de l'épisode, Alex avoue qu'il ressentait toujours la même attirance pour Buffy quand elle s'était transformée en vampire. Dans ce cas, pourquoi ne comprend-il pas qu'elle soit attirée par Angel ? Autre chose : Willow se fait huer par le public, mais le chanteur d'opéra n'est pas meilleur qu'elle. Enfin, comment Buffy conserve-t-elle son âme quand elle se transforme en vampire (et arrive-t-elle, on ne sait comment, à aller à l'hôpital dans la même journée) ?

OUPS ! : Dans « Moloch », le dossier informatique de Buffy disait qu'elle était née soit en 1979 soit en 1980 (voir ma remarque dans le commentaire de cet épisode). Mais sur sa pierre tombale, on lit : 1981-1997. Bizarre, non ?

DÉTAIL INTÉRESSANT : Dean Butler, qui incarne le père de Buffy (et dont le nom n'apparaît pas au générique de cet épisode) est plus connu pour avoir joué le rôle d'Almanzo Wilder dans *La petite maison dans la prairie*.

CULTURE POP : Quand Billy se réveille, il reprend les paroles que prononçait Judy Garland à la fin du *Magicien d'Oz* : « J'ai fait un rêve étrange… et vous étiez tous là… »

1.11 « Portée disparue »

TITRE ORIGINAL : *Invisible Girl*

DATE DE LA PREMIÈRE DIFFUSION : 19 mai 1997

SCÉNARIO : Ashley Gable et Thomas A. Swyden d'après une histoire de Joss Whedon

RÉALISATION : Reza Badiyi

AVEC : Clea Du Vall : Marcie Ross
Ryan Bittle : Mitch
Denise Y. Dowse : Ms. Miller
Julie Fulton : la formatrice du FBI
John Knight : Bud n° 1
Mercedes McNab : Harmony
Skip Stellrecht : l'agent Manetti
Marc Phelan : l'agent Doyle

Une créature invisible attaque les gens. Buffy et sa bande doivent découvrir le responsable et l'arrêter.

Cet épisode a un peu tendance à se perdre en cours de route, mais sa fin est sans conteste la meilleure de la saison. Comme dans « Les hyènes », il est ici question de popularité. Une fois de plus, les difficultés d'une personne extérieure reflètent celles d'un membre de la bande, en l'occurrence Buffy. Comme Marcie, qui est devenue invisible à force d'être ignorée par ses professeurs et ses camarades, Buffy a souvent l'impression d'être mise sur la touche. Alex et Willow rient de blagues auxquelles elle ne comprend rien et Cordelia la traite comme si elle était une vraie perdante. Elle qui d'ordinaire est si vive d'esprit n'arrive pas à clouer le bec à Cordelia et à sa bande de pimbêches.

Cordelia est ici égale à elle-même dans le genre égocentrique. Toutefois, elle montre pour la première fois un peu d'humanité quand elle raconte à Buffy qu'elle se sent aussi seule que ceux qui sont moins populaires qu'elle. Sa sincérité à ce moment-là crée la surprise et nous permet d'entrevoir l'évolution que va connaître son personnage au cours de la deuxième saison. Mais il faut quand même bien dire que ses accents de sincérité tiennent principalement au fait qu'elle parle de son sujet favori, à savoir sa petite personne. Willow et Alex sont ceux qui nous éclairent le mieux sur ce que peuvent ressentir les élèves qui ne sont pas aimés. Ce sont eux qui, en lisant l'inscription « Bonnes vacances » dans le livre de classe de Marcie, font le lien avec le baiser de la mort, ce qui est un peu exagéré mais pas dénué de fondement. Leur lycée est plus réaliste que celui des autres séries pour ados. Il n'y a pas à Sunnydale d'un côté les élèves populaires et de l'autre les élèves impopulaires, mais il existe au contraire une hiérarchie de la popularité. Cordelia et ses amis occupent le sommet de la pyramide. Buffy et sa bande sont au deuxième niveau. Il y a ensuite toute une série de strates jusqu'au bas de la pyramide où se trouvent les élèves les plus rejetés.

Angel réapparaît pour cause de vampirisme et non pour éclairer Buffy sur sa situation présente. Il apprend à Giles qu'il peut se procurer le *Codex*, un ouvrage disparu depuis des siècles, mais nous ne saurons pas par quel moyen (le *Codex* jouera un rôle très important dans l'épisode suivant). A propos de cet ouvrage, Giles dit une chose des plus troublantes. En effet, il déclare que le *Codex* contient la prophétie la plus complète de la Tueuse durant les derniers jours. Qu'entend-il par « derniers jours » ? Ceux de la Tueuse ou du monde ? Malheureusement, cette phrase demeure inexpliquée.

Détail très symbolique, c'est dans cet épisode que l'on constate qu'Angel ne se reflète pas dans les miroirs. Toutefois, il y a ici une incohérence avec la légende des vampires telle qu'elle est présentée dans les œuvres de fiction. En effet, si les vampires ne se reflètent pas dans les glaces, c'est parce qu'ils n'ont pas d'âme. Or, justement, Angel a une âme. Nous devrions donc voir son reflet.

Ce qu'il y a de moins convaincant dans cet épisode, c'est que personne ne sait comment interpréter les messages de Marcie. « Regarde » et « Ecoute » est presque systématiquement suivi de « Apprends » dans la plupart des écoles. Mais même après avoir découvert comment Marcie est devenue invisible, ils restent incapables de comprendre ce qu'elle a voulu dire par « Regarde » et « Ecoute ». Sachant que Marcie était une élève solitaire qui a essayé en vain d'être entendue des autres, pourquoi pensent-ils qu'ils ont affaire à une folle ?

La scène avec Cordelia arrive comme un cheveu sur la soupe et, franchement, on a du mal à y croire. D'abord, Marcie se serait empressée de lacérer le joli minois de Cordelia avec son scalpel au lieu de rester plantée là à attendre que Buffy se libère. Ensuite, le moment où Buffy essaie de sentir la présence de Marcie dure un certain temps. Alors qu'elle a les yeux fermés et qu'elle tourne le dos à Marcie, celle-ci a clairement l'avantage, alors pourquoi n'en profite-t-elle pas ?

Toutefois, les dernières minutes nous offrent une théorie de complot très futée et drôle. L'idée que tous les assassins du FBI qui ne sont jamais attrapés puissent être des hommes invisibles qui n'étaient pas populaires dans leur lycée est franchement tordante. Dans l'ensemble, c'est un épisode très divertissant.

MEILLEURE SCÈNE : L'interminable discours de Cordelia à l'élection de la Reine de mai : « Ne vous demandez pas ce que votre pays peut faire pour vous, mais demandez-vous : Eh, mais qu'est-ce que je vais mettre pour le bal du printemps ? »

ÇA ME CHIFFONNE : Si on tient compte du fait que Cordelia a tendance à réprimer ses mauvais souvenirs, comment sait-elle qu'elle doit aller chercher de l'aide auprès de Buffy ? Autre chose : elle dit que c'est la première fois qu'elle met les pieds à la bibliothèque, pourtant dans le premier épisode, c'est elle qui y conduit Buffy.

OUPS ! : Quand Cordelia prononce son discours à l'élection de la Reine de mai, remarquez comment le proviseur apparaît et disparaît derrière elle.

DÉTAIL INTÉRESSANT : Cet épisode devait au départ s'appeler « Loin du cœur, loin des yeux. »

CULTURE POP : Le concept de cet épisode est un emprunt au film de 1933 *L'homme invisible* et aux nombreuses versions qui en ont été tournées ensuite.

1.12 « Le manuscrit »

TITRE ORIGINAL : *Prophecy Girl*
DATE DE LA PREMIÈRE DIFFUSION : 2 juin 1997
SCÉNARIO ET RÉALISATION : Joss Whedon
AVEC : Kristine Sutherland : Joyce Summers
Mark Meltcalf : le Maître
Robia LaMorte : Jenny Calendar
Andrew J. Ferchland : le Juste des Justes
Scott Gurney : Kevin

Giles lit la prophétie et apprend que Buffy va mourir de la main du Maître. A seize ans, Buffy doit affronter la réalité de sa propre mort.

Mazette ! Un épisode speedé, admirablement interprété et plein d'émotion qui conclut la première saison avec brio. Certes, la fin donne l'impression d'une fin, mais rien d'étonnant à cela. Ignorant si *Buffy contre les vampires* aurait droit à une deuxième saison, Whedon se devait de rassurer les fans sur l'avenir de la petite bande. Ms. Calendar est de retour et nous laisse présager qu'elle sera l'un des principaux personnages de la deuxième saison. On retrouve entre Giles et elle l'alchimie qu'on avait vue apparaître dans « Moloch ». Elle devient le dernier membre du « club », comme l'appelle Willow. S'ils continuent à ce rythme, il y aura bientôt à Sunnydale plus de gens au courant que de gens qui ignorent l'existence de la Tueuse.

Ce qu'il y a de plus intéressant dans cet épisode, c'est la confrontation des personnages avec l'idée de leur propre fin. Nous savons que nous mourrons tous un jour, mais c'est seulement si on nous donne la date précise de notre disparition que la mort devient une réalité insoutenable. En temps ordinaire, les gens ne se disent pas à tout bout de champ que chaque minute qui passe les rapproche un peu plus de la mort. C'est exactement ce qui arrive à Buffy : malgré tous les dangers auxquels l'expose son activité de Tueuse, elle n'a jamais envisagé l'éventualité qu'elle puisse mourir en accomplissant sa mission. Toute sa réalité se résume en fait à cette phrase qu'elle dit à Giles : « Je dois affronter mon terrible destin, la biologie. » Pour une lycéenne, ce qu'il y a de plus redoutable, ce sont les interros écrites et pas le concept très abstrait de la condition de mortel. Cependant, quand elle entend Giles raconter la prophétie à Angel, sa première réaction est le rire, puis l'incrédulité et finalement le refus de continuer à accomplir son devoir de Tueuse. Elle a toute la vie devant elle, et Sarah est magnifique dans cette scène où elle nous rappelle qu'on a beau être une Tueuse, on n'en reste pas moins humaine.

Willow aussi doit affronter une dure réalité quand les membres de son club sont décimés. Jusqu'à présent, elle est restée plutôt fataliste face à tous les phénomènes étranges qui se produisaient autour d'elle, mais c'est la première fois que les victimes sont aussi proches d'elle. Cette perte est bien réelle, et elle lui sera cruellement rappelée chaque fois qu'elle se retrouvera seule dans le local du club. Alyson Hannigan réalise sa meilleure performance de la série dans le rôle de la victime traumatisée qui se plaint en pleurant à Buffy de la cruauté et de l'injustice de la vie. C'est la réaction de Willow face à ces morts sinistres qui poussera Buffy à affronter le Maître.

La scène entre Buffy et Joyce est très réussie. Pour la première fois, la mère et la fille donnent l'impression de se comprendre. Quand Joyce lui montre sa robe, Buffy semble vraiment sincère dans ses compliments. Quand Joyce fait à sa fille le récit de sa rencontre avec Hank, elle ne montre pas de ressentiment, comme si elle avait enfin surmonté son divorce.

Alex se décide enfin à avouer à Buffy les sentiments qu'il a pour elle et se prend une veste. Pendant toute la saison, nous l'avons vu soupirer après Buffy et nous ne pouvons qu'éprouver de la compassion pour lui. Repousser ses avances a dû être pour Buffy l'une des choses les plus difficiles qu'elle ait jamais faites. Quant à Willow, qui attend angoissée l'issue de la conversation, ses nerfs ont dû être mis à rude épreuve. Toutefois, elle mérite notre admiration pour avoir eu le courage de repousser Alex, sachant que sa proposition ne venait pas du fond du cœur. Pauvre Alex !

Cet épisode a remporté un énorme succès principalement à cause de la sortie très gore du Maître. Nous avons tous été choqués par la mort de Buffy, parce que sans savoir s'il y aurait une deuxième saison, on aurait pu penser qu'il y avait une possibilité (peut-être infime) pour que la série se termine sur cette fin tragique. La paralysie qui frappe Buffy lorsque le Maître se tient derrière elle est le prolongement de cette peur de la mort qu'elle a éprouvée plus tôt. Sarah réalise une de ses meilleures performances quand on voit une grosse larme couler sur son visage terrifié. L'incapacité d'Angel à faire du bouche-à-bouche nous apprend pour la première fois que les vampires n'ont pas de souffle, ce qui sera à l'origine de beaucoup d'incohérences dans la deuxième saison. La scène sur le toit entre Buffy et le Maître donne lieu à l'un des plus savoureux dialogues de la série, en partie parce que Buffy est encore bouleversée et que le Maître ne comprend pas très bien ce qu'elle raconte.

La créature de la bouche de l'enfer est très réussie. Pourtant, on ne saisit pas bien pourquoi Giles l'appelle la « bouche de l'enfer ». La bouche de l'enfer serait-elle donc un monstre ? Dans la littérature, elle est la porte entre la terre et l'enfer et le moyen de passer d'un monde à l'autre. Il en est fait mention dans plusieurs pièces de théâtre morales de la Renaissance. De plus, il existe une croyance qui voudrait que Jésus ait traversé la bouche de l'enfer pour amener les âmes des Justes au paradis.

« Le manuscrit » est un épisode superbe dans lequel tous les acteurs se surpassent. Mais même si Whedon avait concocté cette fin magnifique à sa série, on peut sans peine deviner qu'il y aurait eu de la rébellion contre la chaîne si *Buffy* n'avait pas continué. C'était une trop bonne recette pour qu'on ne lui offre pas une suite.

MEILLEURE SCÈNE : L'échange entre Buffy et le Maître sur le toit.

ÇA ME CHIFFONNE : La scène où Buffy charge vers la bibliothèque tandis qu'on entend le thème de la série en musique de fond est l'un des moments les plus ringards de la série.

D'autre part, Buffy dit à sa mère qu'elles n'ont pas les moyens d'acheter la robe blanche. Qui, dans ce cas, paie les vêtements de Buffy qui n'a pas l'air de s'habiller chez Prisunic ? Puisque Buffy ne travaille pas, c'est certainement Joyce qui paie cette garde-robe princière.

OUPS ! : S'il y a une verrière au-dessus de la bibliothèque, comment se fait-il que l'endroit soit toujours éclairé par les fenêtres ? Aucun rayon de soleil ne vient jamais du toit. De plus, quand Cordelia parle à Ms. Calendar dans la voiture, ses lèvres ne remuent pas. Et à la fin, quand Buffy est allongée par terre, le visage dans l'eau, remarquez que ses cheveux d'abord relevés au-dessus de sa tête sont ensuite détachés sur ses épaules.

CULTURE POP : Alex prononce la phrase suivante : « Le calme, ça peut fonctionner pour Locutus le Borg, mais moi j'angoisse et il faut que ça sorte. » Dans *Star Trek*, l'équipage découvre une race d'individus qui forment une société collectiviste et qui ne parlent d'eux qu'en tant que partie du groupe. Ces êtres, les Borgs, ne montrent aucune émotion. Dans un épisode, Jean-Luc Picard est assimilé à cette race et prend alors le nom de Locutus le Borg.

DEUXIÈME SAISON (DE SEPTEMBRE 1997 À MAI 1998)

2.1 « La métamorphose de Buffy »

TITRE ORIGINAL : *When She Was Bad*
DATE DE LA PREMIÈRE DIFFUSION : 15 septembre 1997
SCÉNARIO ET RÉALISATION : Joss Whedon
AVEC : Dean Butler : Hank Summers
Kristine Sutherland : Joyce Summers
Robia LaMorte : Jenny Calendar
Andrew J. Ferchland : le Juste des Justes
Armin Shimerman : le proviseur Snyder
Brent Jennings : Absalom
Tamara Braun : Tara

Après avoir passé l'été à Los Angeles, Buffy retourne à Sunnydale complètement transformée.

Alors que « Le manuscrit » se terminait sur une note d'apaisement plutôt optimiste, la deuxième saison commence très fort avec « La métamorphose de Buffy ». Car beaucoup de gens en prennent pour leur grade dans cet épisode, surtout de la part de Buffy qui est très remontée. Quand elle fait son entrée, dans son style énergique habituel, elle semble normale bien qu'un peu distante. (Mais il faut dire qu'elle n'a pas vu ses copains de tout l'été.) Cependant, quand Willow et Alex se mettent à parler du Maître, le visage de Buffy s'assombrit. Pourquoi se conduit-elle de cette façon ? Associe-t-elle dans son esprit les vampires avec les gens de Sunnydale, leur vouant à tous une même haine ? Est-elle victime d'une dépression dont elle ne sort que le temps de réduire en poussière les ossements du Maître ? Mais en dépit de ses problèmes personnels, lesquels sont légion, il faut en convenir, elle fait preuve vis-à-vis de son entourage d'une rare insensibilité et ne se montre pas sous un jour des plus sympathiques.

Le plus ironique, c'est que c'est Cordelia qui lui assène une leçon de morale. Est-ce qu'elle n'est pas un peu hypocrite ? Et de quel droit traite-t-elle Buffy de garce ? La principale différence entre Buffy et Cordelia, dans cet épisode, est que Buffy manipule ceux qui sont ses amis et les frappe là où ça fait mal, alors que Cordelia s'attaque à des gens qui ne sont pas des amis, et même si ses vacheries sont blessantes, on ne sent pas en elle la volonté de détruire. Dans « La métamorphose », personne n'est épargné. Buffy balance des vannes à tout le monde. Angel se demande s'il l'a heurtée sans le savoir et Alex fait involontairement du mal à Willow quand il a l'air d'avoir complètement oublié qu'ils ont failli s'embrasser au début de l'épisode. Justement, en parlant de ce moment d'intimité entre eux, n'aurait-il pas dû avoir un plus grand effet sur les intéressés ? Et Alex, a-t-il réellement oublié ou fait-il semblant ? Il est difficile de savoir si ce baiser aurait réellement eu lieu, parce qu'ils s'écartent brusquement l'un de l'autre quand le vampire surgit. Toutefois, la menace d'Alex à Buffy quand il lui dit : « Si quelque chose arrive à Willow, je te tue », prouve que, même s'il est amoureux d'une autre, Willow est celle qui compte vraiment pour lui. Il n'y a qu'à voir pour s'en convaincre la façon dont il la serre dans ses bras après l'avoir délivrée de ses chaînes.

La scène de bagarre à la fin est géniale. Dans les autres séries d'action, comme *Xena* ou *Highlander*, les ennemis ont généralement tendance à tomber sur le héros un par un, au lieu d'attaquer en masse. Dans cet épisode, au contraire, les vampires fondent sur Buffy par groupes de deux ou trois, mais celle-ci arrive quand même à les battre. Quand elle détruit les ossements du Maître, elle détruit du même coup les démons qui ont pris possession d'elle voilà des mois. Elle est maintenant prête à prendre un nouveau départ.

MEILLEURE SCÈNE : Le rêve angoissant dans lequel Buffy voit Giles prendre les traits du Maître.

ÇA ME CHIFFONNE : Est-ce que c'est moi qui délire, mais j'ai l'impression que certaines parties de cette série sont une publicité à peine dissimulée pour Cibo Matto ? Et pourquoi Giles n'a-t-il pas simplement brûlé les ossements du Maître plutôt que de les enterrer ?

OUPS ! : Quand Willow, Cordelia, Jenny et Giles se retrouvent pendus par les pieds, la main de Giles effleure la cage thoracique du Maître. On voit alors les côtes bouger comme si elles étaient en caoutchouc. Et quand Buffy plante son pieu dans la poitrine du premier vampire, la caméra est placée au-dessus du squelette pour nous permettre de voir la bagarre. Mais alors, ô surprise, les quatre pendus ont disparu. D'autre part, Buffy fracasse les côtes du Maître au deuxième coup de marteau. Pourtant, quand Angel vient se placer derrière elle, on voit que la cage thoracique est intacte.

DÉTAIL INTÉRESSANT : C'est dans cet épisode que le nom de David Boreanaz est pour la première fois cité au générique. D'autre part, pendant la première saison, le laïus « A chaque génération... » était prononcé par un speaker de la chaîne. C'est maintenant Anthony Stewart Head qui le récite.

MUSIQUE : Quand Angel sort de la chambre de Buffy, on entend le morceau *It Doesn't Matter* de Allison Krauss and Union Station, extrait de leur album *So Long So Wrong*. Le morceau continue pendant que Joyce conduit Buffy au lycée. Quand Willow et Alex attendent au *Bronze* l'arrivée de Buffy, le groupe sur scène est Cibo Matto (avec Sean Lennon à la basse) et ils jouent *Spoon*, un morceau extrait de leur album *Super Relax*. Buffy exécute une danse très sexy avec Alex sur *Sugar Water*, un autre morceau de Cibo Matto extrait de l'album *Vive ! La Woman*. La musique de cet épisode a été écrite par Christophe Beck.

CULTURE POP : A un moment, Cordelia dit : « Je ne sais pas pourquoi elle se la joue Joan Collins, mais faut faire avec. » Joan Collins a tenu le rôle de la garce de service dans *Dynastie* pendant huit ans.

2.2 « Le puzzle »

TITRE ORIGINAL : *Some Assembly Required*
DATE DE LA PREMIÈRE DIFFUSION : 22 septembre 1997
SCÉNARIO : Ty King
RÉALISATION : Bruce Seth Green
AVEC : Angelo Spizzirri : Eric
Ingo Neuhaus : Daryl Epps
Michael Bacall : Chris
Robia LaMorte : Jenny Calendar
Melanie MacQueen : Mrs. Epps
Amanda Wilmshurst : la pom-pom girl

Un copain de classe de Buffy qui se prend pour Frankenstein essaie de créer une femme après avoir rendu la vie à son frère. Mais il lui faut une tête et pour cela il doit tuer une fille, Cordelia.

« Le puzzle » est terrifiant mais beaucoup trop inspiré de Frankenstein pour être pris au sérieux. Si la résurrection d'un frère cache une métaphore de quelques problèmes de la vie lycéenne, son symbolisme m'a un peu échappé. L'intrigue emprunte beaucoup au roman *Frankenstein* de l'Anglaise Mary Shelley, dans lequel un savant reconstitue un être vivant à partir des morceaux de plusieurs cadavres humains. La science a de tout temps cherché à modifier la nature. Or quand, dans ce livre, le Dr Frankenstein recrée artificiellement la vie, c'est pour arriver à un résultat effrayant. Il renie sa créature qui, livrée à elle-même, doit découvrir le monde par ses propres moyens. Finalement, après avoir été rejetée par une famille qu'il s'était mis à aimer, le monstre revient auprès de Frankenstein et lui demande de lui faire une femme. Le docteur accepte à contrecœur, mais juste avant que le processus se termine, il comprend qu'il ne peut pas commettre une deuxième fois la même erreur, et il détruit la femme qu'il était sur le point de créer, précipitant ainsi sa créature dans une folie meurtrière.

Dans « Le puzzle », l'histoire est très similaire, mais elle sert surtout de toile de fond à un épisode consacré aux relations entre les personnages. Giles, qui se demande s'il doit inviter Ms. Calendar à sortir avec lui, est dans les affres. Buffy et Angel connaissent un regain

NBC

de passion. Quant à Willow et à Alex, ils se plaignent d'être toujours laissés pour compte. Lorsque Alex se porte au secours de Cordelia, nous devinons pour la première fois qu'elle nourrit pour lui un petit penchant, mais lui n'y voit que du feu. Il y a aussi de la tristesse dans cet épisode. Alors que, dans « Le manuscrit », Buffy devait affronter l'idée de la propre mort, Chris dans cet épisode doit surmonter le décès de son frère et la dépression de sa mère. Chris devient pour sa mère enfermée dans son chagrin aussi invisible que l'était Marcie dans « Portée disparue ». Chris Epps est l'élève le plus brillant du lycée mais, dans les écoles américaines, ce sont les résultats dans les disciplines sportives qui comptent. Or Chris, dans ce domaine, ne pourra jamais se montrer l'égal de son frère.

Cordelia se comporte en digne héroïne de film d'horreur, les hurlements en prime. Faisant fi de tous les avertissements, elle s'obstine à ne prendre aucune précaution. Alors qu'elle n'est pas sans savoir que plusieurs cadavres de femmes ont été retrouvés, elle se promène en pleine nuit sur un parking désert. Puis elle s'attarde dans les vestiaires, histoire de se remaquiller, et manque de se faire enlever. Alors qu'elle vient juste d'échapper à cette épreuve, elle va se promener toute seule derrière les gradins pour aller se chercher une boisson. Réveille-toi, Cordelia !

Cet épisode est important pour l'évolution des rapports entre les personnages, mais, cet aspect mis à part, il fait une utilisation gratuite du mythe de Frankenstein qui nous laisse un peu sur notre faim.

MEILLEURE SCÈNE : Alex jouant avec la tête en plastique dans la classe de sciences nat.

ÇA ME CHIFFONNE : Sur les photos d'Eric, les personnages n'ont pas les mêmes poses que quand ils ont été pris.

MUSIQUE : La musique de cet épisode a été composée par Christophe Beck et Adam Fields.

CULTURE POP : Quand Buffy essaie de faire comprendre à Willow qu'on la demande à la bibliothèque pour un piratage informatique, elle lui dit : « Désolée de t'interrompre, mais j'ai un "bat signal". » Dans *Batman*, ce signal en forme de chauve-souris s'allume dans le ciel au-dessus de Gotham City. C'est par ce moyen que le maire de la ville fait savoir à Batman qu'on a besoin de ses services.

2.3 « Attaque à Sunnydale »

TITRE ORIGINAL : *School Hard*
DATE DE LA PREMIÈRE DIFFUSION : 29 septembre 1997
SCÉNARIO : David Greenwalt d'après une histoire de David Greenwalt et Joss Whedon
RÉALISATION : John T. Kretchmer
AVEC : Kristine Sutherland : Joyce Summers
Robia LaMorte : Jenny Calendar
Andrew J. Ferchland : le Juste des Justes
Brian Reddy : Bob, le chef de la police
James Marsters : Spike
Juliet Landau : Drusilla
Armin Shimerman : le proviseur Snyder
Alexandra Johnes : Sheila

Sunnydale compte deux nouveaux vampires parmi ses résidents : Spike et Drusilla qui arrivent en ville juste à temps pour la soirée parents-professeurs du lycée.

Spike et Drusilla sont sans conteste les personnages les plus inquiétants et les plus cruels que l'on puisse voir actuellement sur le petit écran. Ce couple codépendant va semer le trouble à Sunnydale pendant toute la suite de la saison, et pourtant les téléspectateurs ne cesseront d'en redemander. Spike avec son look à la Billy Idol est un vampire rebelle anglais. Il est arrivé de Prague accompagné de Drusilla, qui cache, sous son visage d'enfant, un esprit légèrement dérangé. Dès leur première apparition, on sent que ces deux-là sont différents des autres vampires et on a comme l'impression que Spike a conservé son âme, mais pas sa conscience. Comment expliquer autrement son attachement à Drusilla ? Quand il se présente pour la première fois devant le Juste des Justes, il annonce d'un air mauvais qu'il a déjà éliminé deux Tueuses et qu'il est prêt à s'attaquer à une troisième. Mais quand Drusilla fait son entrée, le visage de Spike retrouve son aspect normal — un effet spécial que nous n'avions plus vu depuis que Darla se transformait dans l'épisode pilote — et, pour lui parler, il prend une voix affectueuse. Vous remarquerez que Spike s'efforce de ne jamais montrer son visage de vampire quand il est en présence de Drusilla.

Comme si ces deux-là ne lui posaient pas assez de problèmes, Buffy est une fois de plus harcelée par Snyder qui attend le premier prétexte pour la virer. Pourquoi se retrouve-t-elle assise dans le bureau en

compagnie d'une fille qui a trucidé son prof avec des cisailles, quand le seul crime dont il peut l'accuser est d'avoir incendié le gymnase de son ancien bahut ? Premièrement, elle a déjà payé pour sa faute et, deuxièmement, pourquoi Snyder n'en profite-t-il pas pour lui mettre sur le dos la destruction de la bibliothèque ? La série n'explique jamais qui a porté le chapeau pour ce coup-là. Néanmoins, cet épisode fait évoluer le regard que nous portons sur le personnage du proviseur car, pour la première fois, nous devinons qu'il en sait plus sur ce qui se passe à Sunnydale que nous ne le pensions. Chaque fois qu'il se produit un truc étrange au lycée, il le met sur le compte des gangs, comme il dit, mais à la longue cette réponse revient un peu trop systématiquement pour ne pas cacher quelque chose. A la fin, on nous laisse entendre que la police aussi couvrirait les activités de la bouche de l'enfer.

Les relations entre Buffy et sa mère ne sont pas au beau fixe, mais il faut dire que Joyce dans cet épisode est très incohérente. D'abord, elle dit à Buffy qu'elle ne veut plus être déçue par elle, alors que sa fille n'a rien fait de mal. Quel encouragement espère-t-elle lui donner en la traitant comme une incapable ? Lors de la soirée parents-professeurs, lorsque les vampires sautent à travers la fenêtre, Joyce ne montre pas le moindre signe de surprise, à tel point que certains fans ont pensé qu'elle était peut-être elle aussi une Tueuse. Alors qu'elle était furieuse contre Buffy avant l'arrivée des vampires, elle semble maintenant disposée à obéir à Buffy. Elle ne l'empêche pas de quitter la salle de classe où ils sont enfermés, comme si elle savait que sa fille était capable de gérer toute seule la situation. Mais en dépit de toute la fierté et de la reconnaissance qu'elle montre à sa fille à la fin de cet épisode, elle recommencera bientôt à la houspiller comme elle l'a toujours fait.

Nous découvrons que Spike, alias William le Sanguinaire, a été transformé en vampire par Angel. On comprend les remords d'Angel. Non seulement il est responsable des gens à qui il a donné la mort, mais aussi de ceux qui ont été tués par les gens qu'il a transformés en vampires. La réaction en chaîne dont il a été le déclencheur est infinie. Lors de ses retrouvailles avec Spike, nous entrevoyons ce qu'a pu être le cruel Angelus que nous rencontrerons dans toute son horrible gloire plus tard dans la saison. Il avoue avoir presque sacrifié Alex à Spike. Et il y a encore des gens pour se demander pourquoi Alex voue une telle haine à Angel ?

A la fin, Spike, pour expliquer qu'il n'a pas réussi à tuer Buffy, prétend que c'est à cause de ses amis et de sa famille. Jusqu'alors Buffy s'était entendu seriner que son entourage, loin d'être pour elle une aide, constituait plutôt un handicap. Il est donc rassurant d'apprendre qu'elle ne s'est pas trompée en impliquant ses amis dans ses activités. L'anéantissement du Juste des Justes par Spike est un soulagement. Le « chacun pour soi » remplace la vision classique du vampire solidaire de sa horde. La rébellion de Spike renouvelle le genre et, partout, les fans ont applaudi son arrivée et celle de Drusilla. Un épisode grandiose !

MEILLEURE SCÈNE : La réaction de Willow devant le punch préparé par Buffy.

ÇA ME CHIFFONNE : Giles n'a-t-il pas encore compris que le lycée était important pour Buffy ? Alors qu'elle est sur le point de se faire virer, il l'incite à sécher les cours et à ne pas assister à la soirée parents-professeurs. Autre chose : pourquoi Cordelia se met-elle à traîner avec la bande ? Parce qu'elle se sent redevable envers eux ?

OUPS ! : Comment Spike peut-il recracher la fumée de sa cigarette si les vampires n'ont pas de souffle ?

DÉTAIL INTÉRESSANT : Dans l'esprit de Joss Whedon, Spike et Drusilla sont les Sid et Nancy du monde des ténèbres. Sid, Sid Vicious, était le bassiste des Sex Pistols, un groupe punk anglais. Il mourut d'une overdose en 1979 alors qu'il allait être jugé pour le meurtre de sa petite amie, Nancy Spungen.

MUSIQUE : Quand Willow aide Buffy à faire son français au *Bronze*, et qu'Alex pendant ce temps danse tout seul, on entend le morceau *1000 Nights* de Nickel. Quand tous les trois arrivent sur la piste de danse, on entend *Stupid Thing*. L'un et l'autre morceaux sont sur l'album *Stupid Thing*. La musique de cet épisode a été écrite par Shawn Clement et Sean Murray.

CULTURE POP : A un moment, Spike dit à Angel : « Tu étais mon Yoda ! » Yoda est le nom du maître qui fait de Luke Skywalker un chevalier Jedi dans *L'empire contre-attaque* (1980).

2.4 « La momie inca »

TITRE ORIGINAL : *Inca Mummy Girl*
DATE DE LA PREMIÈRE DIFFUSION : 6 octobre 1997
SCÉNARIO : Matt Kiene et Joe Reinkemeyer
RÉALISATION : Ellen S. Pressman
AVEC : Kristine Sutherland : Joyce Summers
Seth Green : Oz
Ara Celi : Ampata
Jason Hall : Devon
Henrik Rosvall : Sven
Joey Crawford : Rodney
Danny Strong : Jonathan
Kristen Winnicki : Gwen
Gil Birmingham : un Péruvien
Samuel Jacobs : un garçon péruvien

Alex tombe follement amoureux d'une étudiante étrangère qui s'avère être la résurrection d'une ancienne momie inca.

Cet épisode s'inspire de l'histoire des Incas et de leurs techniques de momification. Les Incas furent un peuple qui prospéra du milieu du XVe à celui du XVIe siècle. Leur empire, dont la capitale s'appelait Cuzco, couvrait le nord du Chili, le nord-ouest de l'Argentine, l'Equateur, le Pérou, la Bolivie et le sud de la Colombie, un territoire beaucoup plus vaste que celui d'aucun des pays actuels de la région des Andes. A son apogée, la nation inca comptait douze millions individus, mais seulement quarante mille d'entre eux étaient d'authentiques Incas. Ces derniers formaient l'aristocratie. La grande richesse de ce peuple fut en partie responsable de sa décadence. En effet, l'abondance de décorations à l'or fin sur les maisons et les bâtiments suscita la convoitise des Conquistadors qui débarquèrent sur le continent en 1532. L'empereur inca fut enlevé par les Espagnols qui réclamèrent pour sa rançon une somme d'argent importante, équivalente à environ trois cents millions de nos francs actuels. Toutefois, c'est la varicelle qui fut la principale cause de la disparition du peuple inca. Propagée par les envahisseurs espagnols, elle décima à peu près les deux tiers de la population.

Les Incas n'ont pas laissé d'écrits, et les spécialistes s'interrogent sur ce que fut leur religion, qui reposait sur le culte du Soleil et de la Lune. Dans l'un des rares documents écrits qui nous sont restés de cette époque, le père Bernake Cobo décrit les rites incas de sacrifices humains. Ces sacrifices étaient rares. Les victimes étaient généralement des enfants de moins de dix ans. Exceptionnellement, il pouvait s'agir de jeunes filles élevées au couvent et dont la pureté avait ainsi été préservée. La victime d'un sacrifice était soit égorgée soit pendue et on lui arrachait parfois le cœur. Rappelons toutefois que ces faits sont relatés par un prêtre espagnol, probablement soucieux de convaincre ses contemporains du bien-fondé de la conquête, et qu'ils ne sont peut-être pas à prendre au pied de la lettre.

Les Incas pratiquaient la momification. La momie a de tout temps été exploitée dans les films d'épouvante. Le film original, *La momie*, tourné en 1932, avait pour vedette la star incontestée du cinéma d'horreur, Boris Karloff. Il parle d'une princesse momifiée qu'un Egyptien tente de ramener à la vie. La réincarnation est un thème récurrent des films de momie. La momie elle-même ou une personne qui aimait le mort est réincarnée.

Dans cet épisode de *Buffy*, la momie est une princesse sacrifiée à un dieu de la montagne. L'histoire est inspirée par la découverte, en

1995, d'un corps de femme momifié. Elle était prise dans la glace, ce qui avait préservé le corps. Elle fut trouvée au Pérou sur le mont Ampato, d'où le nom d'Ampata utilisé dans cet épisode. Ampata doit sa résurrection au fait que, de son vivant, elle a souhaité de toutes ses forces mener l'existence normale d'une jeune fille de son âge.

Une fois de plus, le destin du « démon » trouve un écho dans la propre vie de Buffy. Quand Ampata était une princesse, elle a sacrifié sa vie, son amour et son avenir à sa culture. Buffy, elle aussi, a dû renoncer à une vie normale. Elle réalise également qu'elle n'a pas d'avenir et, plus tard, elle sacrifiera son amour pour sauver le monde. Le parallèle devient évident dans la scène où Ampata s'entend dire par un de ses gardes qu'elle est l'Elue. Quand Ampata est anéantie, Buffy éprouve de la peine, car elle mesure combien leurs destins étaient similaires. Ampata cache un cadavre dans un coffre, tandis que Buffy dissimule de l'eau bénite et des pieux dans ses tiroirs.

« La momie » est aussi un épisode important pour l'évolution des relations entre les personnages. Une fois de plus, le pauvre Alex s'éprend d'un « monstre ». Willow, en le voyant si heureux avec Ampata, a un coup de déprime, mais elle ignore qu'Oz l'a remarquée. Cordelia, égale à elle-même, sort avec un apollon dont elle se fiche éperdument. La façon dont elle mène Sven par le bout du nez est tordante. Quand Willow se déguise en Esquimau, avec son harpon à la main, nous comprenons que, si elle n'arrive pas à construire une relation avec un garçon, ce n'est pas à cause de sa personnalité ou de son apparence, mais simplement parce qu'elle n'arrive pas à faire sortir d'elle la véritable Willow (voir le résumé de « Halloween »). Le plus drôle, c'est qu'Oz la remarque quand elle est engoncée dans son gros anorak.

MEILLEURE SCÈNE : Alex montrant à Ampata comment manger des casse-croûte.

ÇA ME CHIFFONNE : Ampata a scellé ses lèvres à celles d'Alex plus longtemps qu'à celles des autres, alors pourquoi n'a-t-il pas été transformé en momie ? Et, pour une fois, Joyce ne pourrait-elle pas se montrer un peu fière de sa fille ? Sa façon de vanter la beauté d'Ampata alors qu'elle ignore totalement Buffy est exaspérante.

OUPS ! : A la fin de l'épisode, quand Ampata étrangle Alex, elle est redevenue une momie, vue de devant, car vue de côté et de derrière, elle est toujours la même et elle a gardé ses longs cheveux brillants.

MUSIQUE : Pendant le bal costumé au *Bronze*, on entend le morceau *Shadows* du groupe Four Star Mary, puis *Fate* quand Alex et Ampata descendent sur la piste de danse. Ces deux morceaux sont sur l'album du groupe. (Ils sont les auteurs des chansons interprétées par le groupe d'Oz, Dingoes Ate My Baby.) La musique de cet épisode a été écrite par Christophe Beck.

CULTURE POP : Le groupe d'Oz s'appelle Dingoes Ate My Baby, une référence à un fait divers qui s'est passé en Australie. Une jeune femme, Lindy Chamberlain, avait raconté à la police qu'un dingo avait enlevé son bébé dans son berceau. Mais elle n'arrêtait pas de se contredire dans son récit. Finalement, même les membres de sa propre famille se mirent à douter d'elle. Elle fut accusée de meurtre (puis acquittée). Le film *Un cri dans la nuit* avec Meryl Streep et Sam Neill, sorti en 1988, est inspiré de cette histoire.

2.5 « Dévotion »

TITRE ORIGINAL : *Reptile Boy*
DATE DE LA PREMIÈRE DIFFUSION : 13 octobre 1997
SCÉNARIO ET RÉALISATION : David Greenwalt
AVEC : Todd Babcock : Tom Warner
Greg Vaughn : Richard
Jordana Spiro : Callie
Robin Atkin Downes : Machida
Danny Strong : Jonathan
Christopher Dalhberg : Tackle
Jason Posey : un garçon
Coby Bell : un garçon

Lors d'une fête de confrérie, Cordelia et Buffy manquent de servir de déjeuner à une créature gluante que tout le monde semble idolâtrer.

Bien que cet épisode frise par moments le ridicule, il est très drôle car il se moque des confréries étudiantes. Dans beaucoup de lycées et d'universités américains, ces clubs ont été à l'origine d'excès. Certains bizutages ont même causé des morts. Les membres de ces confréries ont tendance à fonctionner comme des meutes (voir l'épisode « Les hyènes ») et, dans certains cercles, si vous ne faites pas partie d'un de ces clubs, vous vous condamnez à vivre comme un paria. Les réunions de ces confréries prennent souvent un caractère rituel, avec chants psalmodiés et éclairage à la bougie.

En dépit de son caractère rebelle, Buffy s'est toujours comportée en personne responsable. Quand Cordelia et elle boivent de l'alcool, alors qu'elles n'ont pas l'âge légal pour cela, et sortent avec des hommes plus vieux qu'elles, elles tombent dans un piège dangereux. Les membres de la confrérie vouent un culte à leur dieu, Machida, qui représente leur groupe. Quand ils remercient ce dieu pour leur avoir donné tout ce qu'ils possèdent, il est sous-entendu que, sans la confrérie, ils ne seraient rien. Machida peut aussi être vu comme le symbole de leur virilité et de leur attrait auprès des femmes. D'ailleurs, quand Alex ne montre aucun intérêt pour ce qu'il appelle un « culte psy », il est symboliquement émasculé, puisqu'on l'oblige à danser travesti en femme. Machida lui-même est une représentation phallique flagrante, quand il surgit des profondeurs cachées pour se dresser devant les trois jeunes filles sans défense. A aucun moment nous ne voyons la fin de la queue, comme si elle était reliée par on ne sait quel moyen à la maison de la confrérie.

En arrière-plan, le personnage de Willow continue son évolution. On voit qu'elle est devenue plus forte quand elle ose enfin s'imposer et sermonner Giles et Alex sur leur façon de traiter Buffy. Pour la première fois, Giles est forcé de reconnaître que la pression qu'il impose à Buffy est peut-être un peu forte pour une jeune fille de seize ans. Angel admet qu'il ne doit pas être facile pour Buffy de sortir avec un vampire et, vu son jeune âge, il décide d'être plus direct dans sa façon de lui montrer ses sentiments. Lorsqu'il l'invite à prendre un café, Buffy tourne la situation à son avantage en lui disant que, quand elle sera prête, elle le lui fera savoir. Mais c'est Willow qui a lancé la machine. Cet épisode a quelques bons moments mais, dans l'ensemble, il force un peu la dose.

MEILLEURE SCÈNE : Les manœuvres hilarantes de Cordelia sur le parking et sa plaque d'immatriculation « Queen C ».

ÇA ME CHIFFONNE : Cordelia donne à Buffy les règles à suivre pour la fête, la première étant qu'elle ne doit pas porter de noir. Pourquoi ne dit-elle rien quand Buffy se pointe avec une robe noire ?

OUPS ! : Angel n'aurait pas pu entrer dans la maison de la confrérie sans être invité.

MUSIQUE : Quand Buffy fait tapisserie à la fête, on entend la chanson *She* de Louie Says. On entend de nouveau cette chanson à la fin de l'épisode quand Angel lui propose un café. Elle est extraite de l'album

Gravity, Suffering, Love and Fate. Alex danse déguisé en fille sur le morceau *Bring Me On* extrait de l'album *Scream* du groupe Act of Faith. La musique de cet épisode a été écrite par Sean Murray et Shawn Clement, dont on entend dans l'ordre les chansons *Devil's Lair* (quand Cordelia et Buffy arrivent à la fête), *If I Can't Have You* (quand elles se cognent dans Richard à la maison de la confrérie), *Wolves* (quand Richard danse avec Cordelia) et *Secrets* (quand Cordelia explique à son petit ami au *Bronze* comment se faire servir un café).

CULTURE POP : Buffy, Willow et Alex passent leurs soirées libres à regarder des films indiens, ce qui est devenu une activité très prisée parmi les jeunes de leur âge. Cependant, les amateurs de ces films n'ont pas la chance d'avoir Willow pour leur faire la traduction simultanée.

2.6 « Halloween »

TITRE ORIGINAL : *Halloween*
DATE DE LA PREMIÈRE DIFFUSION : 27 octobre 1997
SCÉNARIO : Carl Ellsworth
RÉALISATION : Bruce Seth Green
AVEC : Robin Sachs : Ethan Rayne
Juliet Landau : Drusilla
Armin Shimerman : le proviseur Snyder
Seth Green : Oz
James Marsters : Spike
Larry Bagby III : Larry
Abigail Gershman : une fille

On fête Halloween à Sunnydale, mais le chaos menace, car chacun se transforme dans le personnage dont il porte le déguisement.

Un épisode consacré à Halloween était inévitable et on ne se plaindra pas du résultat.

Halloween, veille de la fête de tous les saints, était à l'origine une fête païenne. Les deux grandes fêtes de l'année pour les païens étaient, en mai, celle de la fertilité célébrant la venue du printemps et la promesse de récoltes abondantes, et Halloween, en novembre, qui marquait l'entrée dans l'hiver et symbolisait la mort, le froid et les ténèbres. On croyait que, la nuit de Halloween, il se produisait toutes sortes de désordres, on disait que les esprits des morts entraient dans les maisons pour retrouver leur famille, que des incendies étaient allumés et que des fées et des nymphes semaient partout la pagaille. Pourtant, cette fête a toujours été célébrée et continue de l'être avec un succès grandissant.

Sans mesurer l'ironie de ses paroles, Giles annonce à Buffy et à ses copains que Halloween est une période de creux dans leur activité, car les vampires cette nuit-là se montrent toujours très calmes. Quand elle se déguise dans le personnage qu'elle aimerait devenir, une aristocrate française du XVIIIe siècle, Buffy se laisse en fait manipuler par Ethan Rayne, une vieille connaissance de Giles dont nous comprendrons l'importance dans l'épisode « La face cachée ». Willow et Buffy volent son journal d'Observateur à Giles et y trouvent un portrait de la femme qu'Angel a aimée. Cordelia, à ce moment-là, nous sort une de ces répliques qui tuent : « Tu vois, Buffy, peut-être que c'est toi la plus forte pour les démons et tous ces trucs. Mais pour les mecs, c'est moi la meilleure. » Buffy en conclut que si elle veut séduire Angel, elle doit devenir une autre femme.

En matière d'extermination de Tueuses, Spike fait preuve d'une rare intelligence qui lui vaut le respect de l'Observateur. Il filme en vidéo Buffy qui se bat et analyse chacun de ses mouvements. Puis il confie à un groupe de chasseurs de primes le soin de la supprimer. S'il a déjà réussi à trucider deux Tueuses, c'est parce qu'il est aussi mauvais que rusé.

Le chaos de Halloween va être déclenché par Ethan qui se trouve être un adorateur du dieu Janus. Janus était une divinité romaine à deux visages, un qui regardait devant et l'autre derrière. Il avait bâti au sommet d'une colline une cité, baptisée Janicullum, sur laquelle il régna toute sa vie. Son règne fut une période de paix et de prospérité. On attribue à Janus l'invention de la monnaie, et son visage est gravé sur les premières pièces romaines en bronze. Après sa mort, son peuple l'a divinisé et a commencé à lui vouer un culte.

On dit qu'en tant que divinité Janus devint le gardien des Portes, laissant entrer certaines personnes dans la cité et frappant à coups de bâton ceux qui n'étaient pas les bienvenus. Grâce à ses deux visages, il pouvait voir devant et derrière lui. C'est peut-être à cause de la bouche de l'enfer, qui est une sorte de porte, que Janus est invoqué ici. Dans la littérature moderne, Janus est utilisé pour symboliser l'hypocrisie et, comme l'explique Giles, la dualité entre le principe femelle et le principe mâle (anima/animus), entre le bien et le mal. (Giles a toujours été plus jungien que freudien.) Dans le cas présent, la dualité de l'être est prise au pied de la lettre : Buffy est forte à l'extérieur mais, à l'intérieur, elle n'aspire qu'à être celle qu'Angel aimera. Alex laisse Buffy mener le combat mais, au fond, il voudrait être celui qui prend le commandement des opérations. Quant à Willow, elle est extrêmement timide et laisse peu de gens deviner sa personnalité profonde. Pourtant, elle est une jeune femme très séduisante (avec des abdominaux d'enfer) qui n'attend que d'être remarquée.

La grande surprise de cet épisode est créée par Giles, car nous soupçonnons pour la première fois que son passé est trouble. Nous serons davantage éclairés dans l'épisode intitulé « La face cachée », mais disons pour l'instant que ce fut un choc de voir l'irréprochable et très british Giles brusquement se métamorphoser en brute. « Halloween » est un épisode bien écrit avec juste ce qu'il faut de mystère et d'action.

MEILLEURE SCÈNE : La réaction de Giles quand Willow, devenue un fantôme, traverse les murs.

ÇA ME CHIFFONNE : Si drôle que cela puisse être, la performance de passe-muraille de Willow est parfaitement irréaliste. Si vraiment elle ne se sent pas différente, pourquoi n'utilise-t-elle pas la porte comme elle le ferait d'ordinaire ?

OUPS ! : La porte de Buffy ne s'ouvre pas dans le bon sens dans cet épisode et dans « La momie inca ». Quand on est dans la maison, la poignée devrait se trouver à droite et non à gauche. De plus, quand Giles demande à Willow de le laisser seul avec Ethan, elle fait bouger un rideau en se retournant et ferme la porte. Comment peut-elle faire tout ça si elle est un fantôme ?

MUSIQUE : Quand Angel attend Buffy et qu'il se trouve obligé de parler avec Cordelia, on entend le morceau *Shy* extrait de l'album portant le même titre du groupe Epperley. Quand Willow traverse la rue devant le fourgon d'Oz, le morceau qui joue sur sa radiocassette est *How She Died*, extrait de l'album *Maybe It's Me* de Treble Charger. La musique de cet épisode a été écrite par Christophe Beck.

CULTURE POP : Willow parlant de la vulnérabilité de Buffy : « Est-ce qu'elle n'aurait pas pu choisir de se déguiser en Xena ? »

TITRE ORIGINAL : *Lie to Me*
DATE DE LA PREMIÈRE DIFFUSION : 3 novembre 1997
SCÉNARIO ET RÉALISATION : Joss Whedon
AVEC : Robia LaMorte : Jenny Calendar
James Marsters : Spike
Juliet Landau : Drusilla
Jason Behr : Billy « Ford » Fordham
Jarrad Paul : Diego
Will Rothhaar : James
Julia Lee : Chantarelle
Todd McIntosh : un vampire

Un ancien ami d'école de Buffy arrive à Sunnydale. Il appartient à un culte d'adorateurs de vampires et rêve d'en devenir un.

L'une des principales questions traitées dans *Buffy contre les vampires* est celle de la confiance. Buffy sait que ses amis ne trahiront pas son secret, que Giles sera toujours là pour la protéger et qu'Angel ne la mordra pas. Ses amis lui font confiance pour les sauver quand ils seront attaqués par des vampires, et Giles pour ne pas manquer à son devoir de Tueuse. Mais toute cette confiance a commencé à s'effriter dans les derniers épisodes. Dans « Dévotion », Buffy, pour disposer de sa soirée et se rendre à la fête de la confrérie, raconte à Giles qu'elle doit rester près de sa mère malade. Dans « Halloween », Willow et elle volent à Giles l'un de ses carnets, tandis que Buffy invente des compliments que Ms. Calendar aurait faits à son propos.

Presque tout le monde ment à Buffy. Willow, Alex et Angel qui fouillent le passé de Ford à son insu ; Ford qui raconte à Buffy qu'il a tué un vampire ; Angel qui lui dit qu'il est resté chez lui alors qu'en fait il est allé retrouver Drusilla. Spike ment à Ford, lequel ment aux candidats vampires. Après tous ces mensonges, Angel voudrait que Buffy lui fasse confiance quand il lui dit que Ford n'est pas un type bien. Peut-on réellement la blâmer quand elle refuse de le croire ?

Le club des vampires est une idée intéressante de cet épisode. C'est très bien vu que les scénaristes se moquent des candidats au vampirisme parce que, dans la mythologie « whedonienne », les vampires sont des êtres foncièrement méchants. Toutefois, en de rares occasions, Whedon en donne une vision romantique. Spike et Drusilla, par exemple, avec leur relation de couple codépendant, sont tous deux très séduisants. Quant à Angel, qui, ne l'oublions pas, est lui aussi un vampire, il est le sex-symbol masculin de la série. Les scénaristes se moquent ici des victimes de la mode gothique qui s'habillent en corbeau, écoutent Bauhaus et idéalisent Lestat.

Toutefois, il existe bien une sous-culture du vampirisme dont le reste de la population ignore l'existence. Mais si ces vampires autoproclamés boivent du sang, ils ne se changent pas en chauves-souris, ne vivent pas éternellement et n'attaquent pas leurs concitoyens. Des clubs de vampires se sont constitués un peu partout dans le monde. Ils permettent aux gens qui s'intéressent à la question de se rencontrer et de se livrer ensemble à des activités de vampirisme.

Buffy et Angel continuent de jouer leurs petits jeux l'un avec l'autre. Alors que « Halloween » s'était terminé par une scène très intime entre eux, Buffy recommence à exciter la jalousie d'Angel qui, de son côté, lui ment. D'abord, Buffy danse avec Alex pour rendre fou Angel, puis elle décline son invitation à prendre un café. Enfin, pour couronner le tout, elle se met à tourner autour de Ford. C'est sa réaction aux mystères et aux mensonges d'Angel. Et c'est amusant de voir ce vampire de deux cent quarante et un ans se livrer aux mêmes petits manèges qu'un adolescent de dix-huit ans.

Quand nous apprenons que Ford est malade, nous ne pouvons nous empêcher de le prendre en pitié, parce que son sort n'est pas sans rappeler celui de Buffy. Buffy se plaint en disant qu'il n'est pas juste qu'une fille de seize ans soit obligée de penser à sa propre mort. Pourtant, jusqu'à présent, elle a toujours réussi à la mettre en déroute. Ford, en revanche, se meurt et il sait combien de temps il lui reste à vivre. Mais, à la différence de Buffy qui, en dépit de toutes ses lamentations, accepte l'idée qu'elle peut mourir et consent à sacrifier sa vie pour sauver le genre humain, Ford ne se soumet pas à son destin et n'hésiterait pas à sacrifier la vie de ses amis pour prolonger la sienne.

L'élément le plus important de cet épisode, c'est que nous apprenons comment Drusilla est devenue vampire. Comme Ford, sa vie a été sacrifiée et, depuis, elle veut se venger. Toutefois, pour la première fois, nous mesurons combien Angelus a pu être cruel. Il ne s'attaquait pas qu'aux individus, mais aussi à leur famille et à tout leur entourage. Alors que les autres vampires tuent parce qu'ils ont besoin de sang, Angelus prenait un plaisir sadique à voir les gens souffrir. Cette révélation est annonciatrice de ce qui se passera dans « Innocence » et dans les épisodes ultérieurs. Les scénaristes ont concocté à Angel un passé si criant de vérité que nous pouvons d'ores et déjà prévoir que nous finirons par le voir se manifester.

« Mensonges » est un épisode important, et son message nous est clairement délivré dans la scène finale. Il est parfois plus gentil de dire un mensonge que de révéler la vérité.

MEILLEURE SCÈNE : Quand Ford explique à Spike comment un vampire est censé se conduire.

ÇA ME CHIFFONNE : A un moment, Ford dit que la main d'Angel est froide. Est-ce qu'Angel est froid comme un cadavre ? Si c'est le cas, la scène entre lui et Buffy dans « Innocence » a de quoi faire frémir le plus endurci des spectateurs. Les vrais vampires, quand ils attaquent, mordent longtemps les gens du club. Dans ce cas, pourquoi les faux vampires ne se transforment-ils pas en vrais ? Enfin, Ford n'est pas inscrit à Sunnydale, ce qui signifie qu'il est venu seul, sans sa famille. Comment se fait-il dans ce cas qu'il soit enterré à Sunnydale ?

DÉTAIL INTÉRESSANT : Le film que double Ford au club des vampires est une version de *Dracula* datant de 1973, dans laquelle le rôle du comte est tenu par Jack Palance. Par ailleurs, Todd McIntosh qui joue le rôle d'un des vampires n'est autre que le maquilleur de la série.

MUSIQUE : Quand Alex, Willow et Ford jouent au billard au *Bronze*, on entend *Lois, On The Brink*, un morceau de Willoughby extrait de leur album *Be Better Soon*. Quand Angel, Willow et Alex font une visite au club des vampires, on entend le morceau *Never Land* du plus célèbre des groupes gothiques, Sisters of Mercy ; il est extrait de leur album *Floodland*. Toutefois, cette musique n'a été utilisée que lors de la première diffusion et pour une raison inconnue, peut-être un problème de droits d'auteur, elle fut retirée lors des diffusions ultérieures et remplacée par une partition de Sean Murray et Shawn Clement. Quand ils quittent le club, on entend Creaming Jesus jouant le morceau *Reptile* extrait de la compilation *Gothic Rock*.

CULTURE POP : Buffy lâche à Ford devant les autres : « Je t'ai boudé pendant des mois, enfermée dans ma chambre à écouter ce morceau des Divinyls, *I Touch Myself*. » Mais tout de suite, elle se reprend et explique qu'elle n'avait pas compris le sens des paroles de cette chanson. Dans *I Touch Myself*, un tube de 1991, la chanteuse raconte qu'elle se caresse en pensant au garçon qu'elle aime. Beaucoup d'ados qui ont acheté le single ignoraient totalement de quoi parlait la chanson.

2.8 « La face cachée »

TITRE ORIGINAL : *The Dark Age*
DATE DE LA PREMIÈRE DIFFUSION : 19 novembre 1997
SCÉNARIO : Dean Batali et Rob Des Hotel
RÉALISATION : Bruce Seth Green
AVEC : Robin Sachs : Ethan Rayne
Robia LaMorte : Jenny Calendar
Stuart McLean : Philip Henry
Wendy Way : Dierdre
Michael Earl Reid : un gardien
Daniel Henry Murray : un adepte du culte
Carlease Burke : le détective Winslow

Giles révèle son ancienne passion pour l'occultisme. Or, un démon que ses amis et lui avaient conjuré lorsqu'ils étaient encore à l'université revient pour tuer l'Observateur.

Alors que vous pensiez que Giles était le seul adulte en qui on pouvait avoir pleinement confiance, voilà que l'Observateur se trouve affublé d'un passé obscur et d'un étrange surnom. Cet épisode est génial, ne serait-ce que pour Giles qu'on voit pour la première fois perdre complètement les pédales. Par un drôle de revirement, les rôles de Giles et de Buffy semblent avoir été inversés. Tandis que le bibliothécaire se rebelle, s'enferme dans son mutisme et s'éprend à tel point de Jenny Calendar qu'il ne prête plus la moindre attention aux autres gens, Buffy fait montre d'autorité, de sens pratique, et oblige Giles à se confier à elle. Cette inversion des rôles est introduite dès le début de l'épisode, quand le rêve que nous regardons n'est pas celui de Buffy, comme c'est habituellement le cas, mais celui de Giles. Contrairement à Buffy, Giles n'a pas de don de prophète, parce qu'il est un Observateur, et non un Tueur. Son rêve le transporte dans un passé qu'il préférerait oublier, mais il lui annonce que ce passé est sur le point de le rattraper.

L'histoire d'Eyghon, des tatouages et de la rechute de Giles est curieuse. On peut y voir une métaphore des expérimentations que beaucoup de jeunes font au lycée avec la drogue. Eyghon a échappé au contrôle du groupe. Un membre a fait une sorte d'overdose du démon et il en est mort. Giles pensait pouvoir s'en sortir et ne plus jamais avoir de problèmes, mais il ne parvient pas à cacher les marques sur ses bras. Finalement, il replonge, se coupe de ses amis et se fait un « week-end de perdition », pour reprendre les termes de Buffy (une référence au film de 1945 intitulé *Le poison* dans lequel le héros passe un week-end à se soûler à mort et s'éloigne de tous les gens qu'il connaît). Quand cette rechute devient une menace pour les membres de son entourage (l'accoutumance est même transmise à l'un d'eux), Giles parvient à se sevrer et le démon le quitte pour toujours. Cette histoire aurait fait un super sujet de chanson pour Jefferson Airplane.

Buffy fait face. Laissant de côté tout le reste, elle se consacre entièrement à Giles, refusant ses rebuffades et expliquant aux autres ce qu'ils doivent faire. Remarquez comment Cordelia s'avance pour recevoir ses ordres de Buffy. Un tel geste de sa part aurait été impensable il y a plusieurs épisodes.

Les effets spéciaux, dans cet épisode, sont époustouflants. Robia LaMorte qui joue Jenny a d'ailleurs avoué que le maquillage d'Eyghon était très angoissant : « Ils vous tartinent ce truc sur tout le visage et sur les oreilles, si bien qu'il ne vous reste plus que deux petits trous pour respirer… De drôles d'idées vous passent par la tête. Vous vous voyez bondissant de votre chaise et arrachant ce foutu masque. » (Propos recueillis par Cynthia Boris.) La scène dans laquelle le démon d'Angel se bat contre Eyghon est superbe.

L'absence d'intérêt dont Giles fait preuve envers tout le monde à l'exception de Jenny est troublante. Il ne fait pas attention à Buffy, ne remercie pas Angel, traite par le mépris Willow, Alex et Cordelia, et ne s'occupe que de réconforter Jenny. C'est par ce comportement qu'il se montre le plus proche d'un adolescent.

MEILLEURE SCÈNE : Willow s'emportant contre Alex et Cordelia et leur ordonnant de sortir de la bibliothèque. Bravo, Willow !

ÇA ME CHIFFONNE : Quand Buffy vient de voir marcher Philip qui est censé être mort, pourquoi Giles ne lui explique-t-il pas ce qui se passe ? Honte ou pas, il sait parfaitement que Buffy est assez forte et qu'elle et sa bande trouveront un plan. Par ailleurs, pourquoi ne s'est-il pas fait retirer ce tatouage depuis longtemps ? Enfin, Buffy confie le soin de livrer le sang à Angel, lequel l'a aidée à combattre les vampires qui voulaient s'en emparer. Pourtant, dans « Alias Angelus », Darla, en ouvrant le réfrigérateur d'Angel, y trouvait des poches de sang identiques à celles de l'hôpital. Est-ce qu'il ne serait pas un peu hypocrite en se moquant des vampires qui ont voulu voler ce sang ?

OUPS ! : Le cours d'informatique du samedi est à 9 h 15, mais il est interrompu par Ethan et Philip. En laissant à Giles le temps de se rendre sur place, et à Philip celui de se transformer pendant qu'Ethan se fait la malle, Giles et Jenny n'ont pas pu partir avant 10 h 30. Pourquoi dans ce cas fait-il nuit quand ils arrivent chez Giles ? Autre chose : pendant le cours d'informatique, Cordelia raconte que la police interroge Giles à propos d'un meurtre. Or elle est arrivée après qu'ils ont dit ça. Comment a-t-elle donc pu savoir pourquoi ils interrogeaient Giles ?

DÉTAIL INTÉRESSANT : Cet épisode a eu un excellent score d'audience, pourtant il ne contient pas de scènes gore.

MUSIQUE : La musique de cet épisode est de Christophe Beck.

CULTURE POP : Le fantasme de Buffy est de se faire masser les pieds par Gavin Rossdale (du groupe rock anglais Bush), alors que Willow rêve de John Cusack, considéré comme le sex-symbol des femmes intellos. Quant à Amy Y, qui alimente les fantasmes d'Alex, c'est une actrice porno de Hong Kong.

2.9 « Kendra » — première partie

TITRE ORIGINAL : *What's My Line ?*
DATE DE LA PREMIÈRE DIFFUSION : 17 novembre 1997
SCÉNARIO : Howard Gordon et Marti Noxon
RÉALISATION : David Salomon
AVEC : Seth Green : Oz
Bianca Lawson : Kendra
James Marsters : Spike
Juliet Landau : Drusilla
Armin Shimerman : le proviseur Snyder
Eric Saiet : Dalton
Kelly Connell : Norman Pfister
Saviero Guerra : Willy l'indic
Michael Rothhaar : l'homme en costume
P.B. Hutton : Mrs. Kalish

Spike fait venir des chasseurs de primes pour neutraliser Buffy pendant qu'il essaie de trouver un remède à la maladie de Drusilla, mais l'un des démons s'avère être un visiteur plutôt inattendu.

Voilà un de ces épisodes qui récompensent les fans les plus assidus. Car pour comprendre la soudaine apparition de Kendra, il faut avoir vu « Le manuscrit ». Par ailleurs, c'est dans l'épisode « Mensonges » que Spike est entré en possession du livre qu'il essaie de déchiffrer et qui avait été volé par un autre vampire. Enfin, si Angel propose à Buffy d'aller patiner, c'est à cause de Willow, qui, dans « Dévotion », lui a dit qu'il devait être plus direct avec Buffy.

La relation inquiétante et morbide qui unit Spike et Drusilla est le point fort de cet épisode, mais elle soulève une question cruciale. Si les vampires n'ont pas d'âme, comme l'a expliqué Angel, et se fichent totalement des autres, pourquoi cet attachement de Spike pour Drusilla ? Dans « Innocence », le juge dira à Spike qu'il sent en lui de l'humanité, ce qui le rend si difficile à châtier. Drusilla pourrait également être prise pour un vampire humain, mais elle dément cette théorie un peu plus tard quand elle se met à jouer avec les sentiments de Spike. Spike a-t-il une âme ? Peut-être a-t-il été de son vivant un assassin ou un sadique. Dans ce cas, il serait aussi mauvais sans son âme qu'avec.

Cet épisode approfondit la relation entre Spike et Drusilla et envisage l'avenir de Buffy. Dans la scène où toute la bande fait des tests d'orientation pour savoir à quelle carrière ils sont destinés, il apparaît que Buffy ne pourra jamais faire autre chose que tuer des vampires. Comment paiera-t-elle ses factures ? Devra-t-elle se trouver un autre boulot alimentaire ? Buffy ne pourra jamais fonder une famille. Giles mourra peut-être avant elle et ses copains finiront par trouver un autre travail et par la quitter. Son avenir est on ne peut plus bouché. Dans la deuxième partie de cet épisode, des questions encore plus perturbantes vont la tarauder.

Willy l'indic est un personnage intéressant. Dommage qu'on n'ait pas plus d'explications à son sujet ! Comment connaît-il si bien les vampires ? A-t-il fourni à Angel tous les renseignements que celui-ci a transmis à Buffy ? Son accent new-yorkais et la façon dont il se fait corriger par Angel est un hommage humoristique aux films de gangsters.

Cet épisode est une magnifique introduction à la deuxième partie.

MEILLEURE SCÈNE : Willow traitée comme une personnalité par la société d'informatique qui aimerait l'embaucher. Prenez donc un petit-four !

ÇA ME CHIFFONNE : Si Willow souffre d'une phobie des grenouilles, pourquoi a-t-elle pu sans hésiter retirer l'œil du triton dans « Sortilège » ? Et pourquoi se promène-t-elle avec une grenouille en peluche dans « La momie inca » ? Quant à cette manie qu'a Buffy de toujours se fourrer dans des situations dont ses amis doivent la sauver, elle commence à devenir lassante. Dans cet épisode, ainsi que dans « Attaque à Sunnydale » et « Alias Angelus » (pour ne citer que ceux-là), elle finit immanquablement par terre, fixant avec des yeux exorbités le démon qui avance sur elle. Heureusement, quelqu'un vient lui sauver la mise. Pourquoi se met-elle toujours en danger ?

OUPS ! : A un moment, Kendra balance Buffy sur la table basse d'Angel. Pourtant, tout de suite après, les débris de la table disparaissent comme par magie.

MUSIQUE : Quand Willow savoure son dîner offert par la société d'informatique, on entend un extrait des *Quatre saisons* de Vivaldi (allegro du « Printemps »). La musique de cet épisode est de Sean Murray et Shawn Clement.

CULTURE POP : A un moment, Alex dit à Cordelia : « Si tu veux faire partie du "Scooby Gang", il va falloir que t'apprennes à te remuer sur tes talons aiguilles. » *Scoubidou* est un dessin animé créé dans les années 70. Il montre une bande d'adolescents qui combattent le crime en compagnie de leur chien, Scoubi. Le chef du groupe, Freddy, a quelque chose de Ken, le copain de Barbie, et conduit une fourgonnette à la déco psychédélique. Daphne est le joli minois toujours habillée très mode qui en pince pour Freddy. Vera est le cerveau de la bande. Petite avec des lunettes, c'est toujours elle qui démasque le coupable. Samy, le hippie, est un grand dadais qui se fourre dans tous les guépiers. Quand on y réfléchit bien, il y a comme un air de famille entre le Scooby Gang et la bande de Buffy.

2.10 « Kendra » — deuxième partie

TITRE ORIGINAL : *What's My Line ?*
DATE DE LA PREMIÈRE DIFFUSION : 24 novembre 1997
SCÉNARIO : Marti Noxon
RÉALISATION : David Semel
AVEC : Seth Green : Oz
Bianca Lawson : Kendra
James Marsters : Spike
Juliet Landau : Drusilla
Saviero Guerra : Willy
Kelly Connell : Norman Pfister
Danny Strong : un garçon pris en otage

Kendra s'avère être elle aussi une Tueuse et Giles apprend que Spike a besoin d'Angel pour guérir Drusilla.

Le plus déconcertant, dans cet épisode, c'est l'absence d'enthousiasme dont fait preuve Buffy en apprenant qui est Kendra. Nous l'avons vue dans une vingtaine d'épisodes se plaindre de sa condition au point d'en devenir agaçante et maintenant qu'elle trouve une porte de sortie, elle n'en profite pas. Kendra est une Tueuse tout ce qu'il y a de classique et pourrait parfaitement s'acquitter seule de leur mission. Buffy n'a pas cessé de se rebeller contre Giles qui voulait qu'elle suive scrupuleusement les textes, mais elle est jalouse quand le bibliothécaire s'intéresse à Kendra et à ses lectures.

Willow ne se trompe pas cependant quand elle rassure Buffy en lui disant qu'elle sera toujours la Tueuse préférée de Giles. Nous ne tardons d'ailleurs pas à comprendre que Kendra ressemble plus à un robot qu'à un humain et que sa mission a déterminé toute sa vie. Kendra est pareille à ces enfants qui montrent très tôt des aptitudes particulières, que ce soit en musique, en sport ou dans toute autre discipline. Prenons l'exemple d'un pianiste classique de renommée mondiale. Il a probablement commencé à jouer vers l'âge de deux ans. A quatre ans, il pratiquait trois heures par jour, en grandissant il n'a quasiment pas eu de vie en dehors du piano. Devenu professionnel, il joue de douze à quinze heures par jour. Ces gens sont impressionnants, mais ils ne savent probablement pas qui sont Liam Gallagher ou Tom Cruise.

Comme ce pianiste, Kendra n'a pas de famille, pas d'amis, pas de vie sociale et aucun autre but que celui de débarrasser le monde des vampires. Elle est tout ce qu'une Tueuse est supposée être, mais elle sacrifie tout, y compris sa personnalité, à son devoir. Son Observateur ne la laisse pas parler aux garçons, sans doute pour lui enseigner qu'elle ne peut de toute façon avoir de relation normale avec eux. Sa technique de Tueuse est meilleure que celle de Buffy. Pourtant, comme le fait justement remarquer Buffy, elle n'éprouve pas les émotions qui permettent de mieux se battre. Rappelez-vous l'épisode « Un premier rendez-vous manqué » et la colère de Buffy qui croyait qu'Owen avait été tué. Toutefois, les émotions de Buffy peuvent aussi être un handicap. Quand, plus tard, Angel redeviendra Angelus, nous verrons comment les sentiments qu'elle a pour lui causeront indirectement beaucoup de chagrin aux autres.

Entre-temps, à la grotte des chauves-souris, Drusilla torture Angel avec de l'eau bénite et lui rappelle ce qu'il lui a fait subir. Landau est tellement convaincante dans cette scène que nous comprenons à ce moment-là que Drusilla a complètement perdu la tête. Traumatisée par la perte de sa famille, de ses amis et de son âme, elle est retombée en enfance. Angel devient son nouveau jouet et c'est avec délices qu'elle verse sur lui l'eau bénite, qu'elle brûle sa peau, tandis que les souvenirs de ce qu'il a fait lui reviennent en mémoire. La joie de torturer Angel semble momentanément lui rendre ses forces.

La scène finale est superbe. Kendra et Buffy forment une équipe hors pair. Quand elles se battent ensemble, elles sont invincibles. Elles stoppent le rituel avant qu'il ait tué Angel. Et Kendra, à la surprise générale, aide Buffy à sauver l'homme qu'elle aime. Mais alors pourquoi retourne-t-elle en Afrique ? Elle n'y a pas de famille et la bouche de l'enfer se trouve à Sunnydale, son départ est donc étrange. Buffy est certes une Tueuse énergique, mais sans Kendra elle n'aurait pas remporté cette bataille.

Impossible de conclure sur cet épisode sans parler de la relation singulière et drôle entre Cordelia et Alex. Pour la première fois, nous les voyons se faire des câlins au son des violons, mais ils persistent à nier qu'il y ait quoi que ce soit entre eux. Pour notre plus grand bonheur, les scénaristes ont aussi développé le couple Oz et Willow. On voit Willow s'ouvrir un peu, pour une fois qu'un garçon qu'elle aime lui montre de l'intérêt.

Cet épisode marque un tournant pour le personnage de Buffy qui, dorénavant, ne se plaindra plus de son job. Cette deuxième partie contient tous les ingrédients d'un bon spectacle. Et la résurrection dans un style très gothique de Spike et de Drusilla à la fin nous promet encore quelques grands moments en compagnie de nos vampires préférés.

MEILLEURE SCÈNE : Oz parlant du côté étrange des Animal Crackers.

ÇA ME CHIFFONNE : Pourquoi les parents de Kendra savent-ils qu'elle est une Tueuse, alors que les parents de Buffy ne connaissent pas la vérité sur leur fille ? De plus, Kendra a été confiée à son Observateur par ses parents à un très jeune âge, alors que Buffy n'a eu la révélation de sa mission qu'adolescente, est-ce que cela ne fait pas de Kendra la Tueuse numéro un ? A propos de Kendra, elle a le pire accent qu'on ait jamais entendu dans cette série.

OUPS ! : Regardez la natte de Kendra dans la scène d'adieu avec Buffy.

DÉTAIL INTÉRESSANT : Danny Strong est maintenant un personnage récurrent de la série sous le nom de Jonathan, pourtant, au générique de cet épisode, il est cité comme le garçon pris en otage.

MUSIQUE : La musique de cet épisode est de Sean Murray et Shawn Clement.

CULTURE POP : Buffy dit à Kendra : « *Vade retro*, Ranger rose ! » Dans les *Power Rangers*, le Ranger rose est l'un des combattants les plus acharnés. Cette réplique est d'autant plus drôle que la cascadeuse Sophia Crawford, qui double Sarah Michelle Gellar dans les scènes de bagarre, doublait également le Ranger rose.

2.11 « Le fiancé »

TITRE ORIGINAL : *Ted*
DATE DE LA PREMIÈRE DIFFUSION : 8 décembre 1997
SCÉNARIO : David Greenwalt et Joss Whedon
RÉALISATION : Bruce Seth Green
AVEC : John Ritter : Ted
Kristine Sutherland : Joyce Summers
Robia LaMorte : Jenny Calendar
Ken Thorley : Neal
James G. MacDonald : le détective Stein
Jeff Langton : un vampire

Buffy doit faire un peu d'introspection pour comprendre pourquoi elle déteste tant le nouvel ami de sa mère.

En dépit de sa fin, parmi les plus mauvaises de la série, cet épisode est excellent pour la métaphore en filigrane. Ted n'est pas seulement un commercial, c'est aussi un type qui sort avec la mère de Buffy et, comme vous le diront beaucoup d'enfants de couples séparés, la frontière entre les deux est assez mince. D'abord, le parent va essayer de « vendre » son nouveau partenaire à son enfant, en vantant bien sûr toutes ses qualités (Joyce en l'occurrence brûle cette étape pour des raisons indépendantes de sa volonté). Après, c'est au partenaire de « se vendre » lui-même, comme le fait Ted dans cet épisode. Il va poser des questions sur l'école, sur les amis, sur les loisirs pour se gagner la sympathie de l'enfant et, à force, il finira par parler comme un robot.

La plus grande crainte d'un enfant placé dans cette situation est que son parent le délaisse pour son nouveau partenaire. Buffy éprouve cette angoisse avec d'autant plus de force qu'elle n'a pas de frères ni de sœurs et que les seules personnes auxquelles elle peut se confier sont ses amis. Or, il se passe alors pour elle quelque chose de terrible, parce que ses amis refusent de l'écouter. Soit ils se rangent du côté de Ted et de Joyce, soit ils lui reprochent de prendre la situation beaucoup trop à cœur. L'histoire prend un tour vraiment dramatique quand Buffy tue Ted et se demande, pour la première fois, si c'était bien un démon qu'elle a éliminé. Sa nature de Tueuse est-elle en train de l'emporter sur tout le reste ? A-t-elle perdu le contrôle de sa force au point d'attaquer quiconque déclenche sa colère ? Et, quand bien même elle ne se serait pas trompée — elle n'a fait après tout que se défendre contre une personne qui la maltraitait physiquement et mentalement —, il lui sera difficile de convaincre les autres. Elle n'est pas exactement une créature sans défense. Il y a un paradoxe dans le fait que tous les élèves commentent l'événement au lycée. Ils ont vu Buffy bien des fois tuer des vampires, mais ils ont refoulé ces souvenirs. Pourtant, quand elle tue quelqu'un dans sa propre maison, en l'absence de tout témoin à l'exception de Joyce, tout le monde la traite comme une meurtrière.

La mort de Ted est un choc pour Joyce. Les enfants ont souvent tendance à se rebeller quand leur père ou leur mère se met à fréquenter un nouveau partenaire, mais ils essaient rarement de se mettre à la place des adultes. Joyce s'est retrouvée seule à élever Buffy. Elle a dû assumer son éducation tout en faisant face aux difficultés que rencontrent tous les parents isolés. Certes, elle se met des œillères quand sa fille lui raconte que Ted a menacé de la frapper, mais Buffy se montre très dure avec sa mère lorsque, en rentrant chez elle, elle la surprend pour la première fois en compagnie de Ted.

« Le fiancé » contient aussi beaucoup de références très subtiles à d'autres épisodes de la série. Toutefois, on n'y voit pas de développement des personnages, exception faite de la réunion de Giles et de Jenny. Cependant, contrairement à d'autres séries télévisées, il y a dans *Buffy contre les vampires* de la continuité et de la cohérence. Quand Buffy, Willow et Alex racontent comment les chasseurs de primes ont été mis en déroute, Jenny dit qu'elle ne s'est pas retrouvée en danger mortel depuis trois semaines (« Le fiancé » est en effet le troisième épisode après « La face cachée »). D'autre part, Buffy soigne la main d'Angel qui a été blessé dans la deuxième partie de « Kendra ».

Comme je l'ai déjà dit, la fin de cet épisode n'est pas très réussie. Si vous aviez assassiné vos quatre femmes, est-ce que vous les cacheriez dans un placard ? Les familles de ces femmes n'auraient-elles pas signalé leur disparition et demandé des recherches qui auraient tôt ou tard fini par les conduire à Ted ? Le fait que Ted soit un robot était déjà étrange, le transformer en tueur en série est carrément gratuit. « Le fiancé » avait un très bon potentiel et John Ritter était excellent, mais la fin tombe décidément à plat.

MEILLEURE SCÈNE : C'est très drôle que le mystère de l'identité de Ted soit élucidé grâce au sens aigu de la déco chez Cordelia (c'est elle qui remarque que le tapis persan ne colle pas avec le reste de l'appartement de Ted).

OUPS ! : Quand le policier demande à Buffy où Ted l'a frappée en premier, elle montre la mauvaise joue.

MUSIQUE : La soupe ringarde qu'on entend dans l'appartement de Ted a été écrite pour cette scène par la société Los Angeles Post Music, qui s'est fait une spécialité de composer des musiques pour certaines occasions bien particulières. La musique de cet épisode est de Christophe Beck.

CULTURE POP : A un moment, Alex dit : « Qui détient le vrai pouvoir : Captain ou Tennille ? » Captain et Tennille (Daryl Dragon et Toni Tennille) sont un duo de chanteurs qui a connu son heure de gloire dans les années 70 avec plusieurs tubes, dont *Do That To Me One More Time* et *The Way I Want To Touch You*. Tennille a sorti plusieurs albums en solo dans les années 80 et s'est produit dans un spectacle à Broadway.

2.12 « Œufs surprise »

TITRE ORIGINAL : *Bad Eggs*
DATE DE LA PREMIÈRE DIFFUSION : 12 janvier 1998
SCÉNARIO : Marti Noxon
RÉALISATION : David Greenwalt
AVEC : Kristine Sutherland : Joyce Summers
Jeremy Ratchford : Lyle Gorch
James Parks : Tector Gorch
Rick Zieff : Mr. Whitmore
Danny Strong : Jonathan
Brie McCaddin : une élève
Eric Whitmore : le gardien de nuit

Au lycée, Buffy et sa bande se voient confier des œufs dans le cadre d'un projet destiné à les responsabiliser. Mais ces œufs se révèlent un fardeau plus encombrant qu'ils ne l'auraient imaginé.

Même dans une série aussi réussie que *Buffy contre les vampires*, il y a de temps en temps un mauvais épisode. « Œufs surprise » n'est pas mon préféré, loin s'en faut. L'intrigue, confuse et alambiquée, voudrait être une métaphore de la grossesse chez les adolescentes, mais elle manque de clarté et soulève beaucoup de questions. Que symbolise exactement ce poulpe ? Pourquoi se trouve-t-il sous l'école ? Et pourquoi le professeur d'éducation sexuelle est-il ensorcelé par lui ?

En se creusant les méninges, on peut arriver à comprendre ce que cet épisode cherche à démontrer. Le prof d'éducation sexuelle remet à chaque étudiant un œuf dont il devra prendre soin : le nourrir, lui faire faire son rot et le changer. Etant donné qu'il est littéralement impossible d'accomplir toutes ces tâches sur un œuf, la plupart des élèves vont faire ce que fait Buffy, c'est-à-dire cocher chaque point de la liste avant d'aller se coucher. Cet exercice futile n'a aucun sens. Il ne correspond en rien à la réalité de la condition de parent. C'est seulement quand Willow et Buffy sont envoûtées par leur œuf que le lien est établi avec les difficultés des adolescentes qui se retrouvent mères. Elles deviennent esclaves de leur œuf. Elles sont épuisées et molles dans la journée. Elles embêtent leur entourage (combien de ces mères demandent à leurs parents de jouer les baby-sitters pour leur bébé ?) et se transforment finalement en zombies. Pour couronner le tout, le père n'assume aucune de ses responsabilités (c'est pourquoi on voit Alex faire cuire son enfant).

Si cette interprétation correspond bien à ce qu'ont voulu évoquer les scénaristes, alors la comparaison est effectivement intelligente, mais l'intrigue principale tombe malheureusement à plat. Les petites créatures qui sortent des œufs sont grotesques, et l'histoire des vampires texans semble avoir été inventée juste pour qu'on n'oublie pas que Buffy est toujours une Tueuse. Paradoxalement, ces vampires texans s'avèrent bien plus intéressants que les œufs et c'est la première fois que l'on voit dans la série des vampires unis par un lien de parenté.

La relation entre Buffy et sa mère sert à créer un parallèle plutôt faiblard avec Buffy et son œuf. Mais, quand Joyce entend Buffy au téléphone, elle pète complètement les plombs sans aucune raison apparente. Sa colère n'a donc pas d'autre justification que de montrer combien il est difficile d'être parent d'un adolescent.

Les seuls moments intéressants de cet épisode sont sans conteste les séances de câlins assez hot entre Buffy et Angel. La température monte entre eux et cet épisode nous laisse augurer ce qui arrivera dans les deux suivants.

MEILLEURE SCÈNE : Le speech dithyrambique de Cordelia à propos de son sac à dos en forme de nounours.

ÇA ME CHIFFONNE : Quand Buffy a tué la mère des monstres, la créature accrochée au dos de Willow se détache. Pourquoi les autres créatures ne font-elles pas la même chose ? Ne devrait-on pas les voir toutes par terre ?

OUPS ! : Quand Buffy et Lyle se battent dans la salle de jeux, ils heurtent un flipper auquel jouait une fille quelques secondes plus tôt. Mais la machine ne semble pas être allumée.

MUSIQUE : Quand Buffy et Joyce font leurs courses au centre commercial, on entend des extraits de plusieurs œuvres de Mozart : *La petite musique de nuit* et *La flûte enchantée*. La musique de cet épisode est de Sean Murray et Shawn Clement.

CULTURE POP : Dans le film *La horde sauvage* de Sam Peckinpah, Lyle et Tector Gorch sont les noms des deux plus vilains brigands de la bande. Toutefois, dans le film, Lyle était le plus petit des deux. (Reportez-vous au résumé de « Bienvenue à Sunnydale » — deuxième partie pour plus de détails.)

2.13 « Innocence » — première partie

TITRE ORIGINAL : *Surprise*
DATE DE LA PREMIÈRE DIFFUSION : 19 janvier 1998
SCÉNARIO : Marti Noxon
RÉALISATION : Michael Lange
AVEC : Seth Green : Oz
Kristine Sutherland : Joyce Summers
Robia LaMorte : Jenny Calendar
Vincent Schiavelli : Enyos (l'oncle de Jenny)
Brian Thompson : le juge
Eric Saiet : Dalton
James Marsters : Spike
Juliet Landau : Drusilla
Mercedes McNab : Harmony

Drusilla et Spike reconstituent le juge qui va provoquer Armageddon. Angel et Buffy tentent de les arrêter. Entre-temps, nous découvrons que Jenny a caché un sombre secret.

« Innocence » est tout simplement renversant. C'est l'un des meilleurs épisodes de *Buffy*. Lors de leur première diffusion, la Warner Brothers eut l'obligeance de programmer les deux parties deux jours de suite, ce qui épargna aux accros l'angoisse d'attendre une semaine en se demandant ce qui allait bien pouvoir arriver. « Innocence » débute par un rêve de Buffy, qui est sans doute l'une des séquences oniriques les plus réalistes jamais tournées. Tout y est absurde, décousu. Certains éléments appartiennent à des événements que Buffy a vécus, d'autres sont du domaine de la prophétie ou de la prémonition. Cette scène est absolument géniale.

Le parallèle créé par les scénaristes entre Drusilla et Buffy est intéressant. Dans son rêve, Buffy voit Drusilla tuer Angel. Toutefois, dans la réalité, c'est Buffy qui tuera accidentellement Angel puis ressuscitera Angelus. Toutes les deux sont les meneuses de leurs bandes respectives et chacune aura droit à une fête en son honneur. Spike cloué dans un fauteuil roulant est furieux de son impotence, tout comme Alex a toujours mal vécu le fait d'être mis à l'écart pendant que Buffy mène la bagarre. Et Angelus va rendre Spike aussi jaloux qu'Alex l'a été d'Angel.

Nous découvrons que la bande de Buffy compte un traître en la personne de Jenny. Nous apprenons qu'elle est en fait Janna du clan tsigane des Kalderash. Les Tsiganes sont originaires du nord de l'Inde, mais après des siècles de persécutions et de massacres, ils se sont éparpillés aux quatre coins du monde. Les Kalderash, qui sont originaires de la région des Balkans et que l'on trouve principalement en Europe centrale, forment la communauté la plus nombreuse. Parce qu'ils étaient des nomades, les Tsiganes sont renommés pour avoir apporté leurs inventions, leurs idées et leur folklore aux populations sédentaires. Vampires et loups-garous appartenaient à ce folklore, et c'est ce qui rend si intéressante la référence aux Tsiganes dans *Buffy*. Ce peuple avait une tradition orale très riche. Leur langue, le romani, est très probablement dérivée du sanskrit.

Les histoires du folklore tsigane sont fortement imprégnées par la colère de ce peuple victime pendant longtemps de persécutions et d'ostracisme. De tout temps, les gitans ont été soupçonnés d'être responsables de toutes sortes de phénomènes étranges. C'est pourquoi ils furent souvent chassés des lieux où ils avaient établi leur campement.

Dans les communautés tribales, rien n'est plus vénéré que la loyauté au groupe, ce qui explique la colère d'Enyos quand il accuse Jenny d'avoir oublié son peuple. Le progrès technologique et la culture urbaine sont vus par les Tsiganes comme des menaces contre leur mode de vie. Or Jenny est un professeur d'informatique qui semble avoir adopté la culture urbaine. Les mariages mixtes sont pour les Tsiganes une autre menace. Jenny se trouve donc écartelée entre sa loyauté envers un peuple qui l'a élevée et qui lui a légué ses valeurs, et son devoir envers ses amis et envers l'homme qu'elle aime. Face à la menace d'un bannissement, elle doit agir et garder Angel à distance de Buffy, mais il est déjà trop tard. Certes nous éprouvons de la compassion pour Jenny mais, en même temps, elle est responsable de n'avoir pas mis Buffy en garde contre le « moment de vrai bonheur ».

La scène entre Buffy et Angel sur les quais est admirablement jouée et tout téléspectateur, quel que soit son âge, comprendra combien il est difficile pour ce couple de se séparer. Le jeu de Sarah et de David dans cette scène ne sera surpassé que par leur performance à la fin de la saison. C'est un épisode magnifique et terriblement émouvant qui a dû laisser plus d'un fan piaffant d'impatience en attendant sa conclusion diffusée le lendemain.

MEILLEURE SCÈNE : La réaction d'Oz en voyant le vampire se faire tuer d'un pieu dans la poitrine.

ÇA ME CHIFFONNE : Pourquoi Dalton porte-t-il des lunettes ? Les vampires ne sont-ils pas supposés avoir des sens ultradéveloppés ?

DÉTAIL INTÉRESSANT : Le juge est joué par l'acteur qui tenait le rôle de Luke dans « Bienvenue à Sunnydale » — deuxième partie. Par ailleurs, dans le premier rêve de Buffy, on entend Willow dire en français : « L'hippo a piqué ton pantalon », ce qui est probablement une référence à une discussion qu'elle avait eue avec Oz à propos des Animal Crackers dans « Kendra » (Oz disait que l'hippopotame était jaloux du pantalon du singe et que tous les singes étaient français). Visiblement, Willow avait parlé de cette discussion à Buffy puisque celle-ci l'a gravée dans son subconscient. D'autre part, le 30 août 1998, *Buffy contre les vampires* a décroché l'Emmy Award du meilleur maquillage dans une série télévisée pour le travail effectué dans les deux parties d'« Innocence ».

MUSIQUE : La musique de cet épisode est de Christophe Beck. La chanson du rêve s'intitule *Anything*. Elle a été composée par Sean Murray et Shawn Clement. Quand Angel déclare son amour à Buffy, on entend le thème Angel/Buffy. Pendant la fête de Drusilla, on entend la chanson *Transylvanian Concubine* extraite de l'album *Thanks for the Ether* du macabre groupe Rasputina.

2.14 « Innocence » — deuxième partie

TITRE ORIGINAL : *Innocence*
DATE DE LA PREMIÈRE DIFFUSION : 20 janvier 1998
SCÉNARIO ET RÉALISATION : Joss Whedon
AVEC : Seth Green : Oz
Robia LaMorte : Jenny Calendar
Kristine Sutherland : Joyce Summers

Brian Thompson : le juge
James Marsters : Spike
Juliet Landau : Drusilla
Ryan Francis : un soldat
Vincent Schiavelli : Enyos
James Lurie : le professeur
Carla Madden : une femme
Parry Shen : un élève

Buffy doit se faire à l'idée qu'Angel est redevenu l'effroyable Angelus et elle doit en plus arrêter le juge.

Si la première partie d'« Innocence » vous avait noué la gorge, alors la deuxième va vous tirer des larmes. Cet épisode mêle très habilement le développement de l'intrigue et la métaphore du douloureux réveil qui peut faire suite à une expérience sexuelle chez les adolescents. Buffy est anéantie quand elle voit Angel changer brusquement d'attitude à son égard alors qu'ils ont fait l'amour ensemble la nuit précédente. Quand, se regardant dans son miroir, elle lit sur son visage les émotions qui la submergent tour à tour, nous voyons son cœur se briser sous nos yeux. Après vingt-cinq épisodes au cours desquels on nous a présenté Angel dans le rôle du gentil garçon, les scénaristes semblent avoir décidé de mettre à l'épreuve notre sensibilité et nous retournent contre Angel en un instant. (Bon sang, ce type ne prend même pas la peine de lui passer un coup de fil !) Boreanaz est excellent en méchant Angelus, surpassant encore ce qu'il a fait dans le rôle du gentil Angel.

« Innocence » montre avec beaucoup de force toute la complexité des relations entre les personnages. Dans les premières scènes, on peut voir que Cordelia est blessée et qu'Alex continue de l'insulter devant le reste de la bande. Quand il s'excuse, nous constatons que, pour la première fois, ces deux-là ont réussi à se comprendre. Du coup, leur relation d'abord purement physique passe à la vitesse supérieure. Willow les surprend à s'embrasser et elle en est bouleversée, mais elle vient juste de commencer à sortir avec Oz ! Imaginez comment Cordelia peut se sentir à ce moment-là quand elle voit Alex courir derrière Willow en lui jurant que Cordelia n'est rien pour lui. De son côté, Buffy se fait un mauvais délire post-coïtal. Quant à Giles, il est un peu refroidi en apprenant la vérité sur Jenny. Oz qui sent bien que Willow est toujours amoureuse d'Alex refuse de pousser plus loin leur relation tant qu'il ne sera pas sûr des sentiments qu'elle a pour lui. Mazette ! Qui a dit que l'amour était simple !

Il est intéressant de voir comment se comporte Buffy qui vient de perdre sa virginité. Joyce lui trouve une drôle d'expression que sa fille essaie désespérément de masquer. Comme beaucoup de jeunes filles, Buffy a l'impression que ce qu'elle vient de faire est écrit sur son front et que tout le monde est au courant. Seule Willow, qui sent ce qui s'est passé, lui témoigne de la sympathie. Giles finira lui aussi par apprendre le secret et sera bien évidemment très troublé. Du côté des vampires, il se passe aussi des choses. Quand Angelus vient rejoindre Drusilla et Spike, ces derniers sont ravis. Mais Spike serait certainement moins heureux s'il savait ce qu'Angelus a derrière la tête. Car, sans son âme, Angel va lui poser beaucoup plus de problèmes qu'avant.

Nous voyons tout de suite de quoi Angelus est capable. Alors que les autres vampires chassent pour se nourrir, Angelus joue avec l'esprit de ses victimes qu'il est capable de torturer pendant des heures. Autant dire que son retour constitue une énorme menace pour Buffy et ses copains. Comme il le dit lui-même, il va la tuer de l'intérieur, à petit feu. Buffy conserve néanmoins un souvenir d'Angel : l'anneau de Claddagh.

Cet anneau fut créé par Richard Joyce de Galway. Cet Irlandais avait été condamné à une vie d'esclavage dans les plantations des Antilles après avoir été capturé par des pirates et vendu à un orfèvre. Avec lui, Joyce apprit à travailler l'or et, à son retour à Galway en 1689, il créa cette bague. Porté à la main droite, le cœur tourné vers l'extérieur, cet anneau signifie que la personne est libre. Porté la couronne tournée vers l'extérieur, il indique que la personne est engagée. Enfin s'il est porté à la main gauche, la couronne tournée vers l'extérieur, la personne a donné son cœur pour toujours. C'est pour cette raison que la bague de Claddagh a souvent servi d'anneau nuptial. Le cœur qui l'orne symbolise l'amour, la couronne la loyauté et les mains l'amitié. La main droite qui tient le cœur est supposée être celle de Dagda, le père du Tuatha dé Danaan, un panthéon de divinités irlandaises qui furent changées en fées après avoir été vaincues. La main gauche appartient à Anu, la mère des Celtes. L'anneau de Claddagh a fait le tour du monde, mais nous apprendrons plus tard qu'Angel, lui aussi, est originaire de Galway.

A la fin de l'épisode, Buffy n'aura pas la force de tuer Angelus. Elle s'en voudra beaucoup et se reprochera les conséquences de sa défaillance, mais nous ne pouvons pas la blâmer. Certes, elle s'est éprise d'un vampire, mais beaucoup d'adolescentes s'amourachent de garçons qui ne leur conviennent pas et qu'elles n'arrivent cependant pas à quitter en dépit de tout ce qu'ils leur font subir.

La meilleure partie de cet épisode est la discussion entre Buffy et Giles dans la voiture. Giles dit à Buffy toutes les choses que les adolescents voudraient entendre de leurs parents. Qu'il la respecte et qu'il ne lui reproche pas d'avoir été incapable de tuer Angel. Mais son discours a un ton un peu trop passionné. Il admet que Buffy s'est trompée sur la personne, qu'Angel n'était pas celui que tout le monde pensait qu'il était, pourtant il insiste sur le fait qu'elle n'est pas responsable d'être tombée amoureuse de lui. De toute évidence, c'est à Jenny qu'il pense à ce moment-là. C'était une très belle scène, et j'ai été déçue qu'elle ne se termine pas sur une image de Giles serrant dans ses bras Buffy (mais nous savons que les effusions ne sont pas son genre). « Innocence » est passionnant à plus d'un titre et je le classerais sans hésitation parmi les cinq meilleurs épisodes de la série.

MEILLEURE SCÈNE : Willow expliquant à Oz pourquoi un lance-roquettes : « Nous n'avons pas le câble, il faut bien qu'on trouve un autre moyen de s'amuser. »

ÇA ME CHIFFONNE : Dans la deuxième partie de « Kendra », Drusilla torturait Angel pour lui faire payer ce qu'il avait fait à sa famille. Pourtant, maintenant, en se retrouvant en présence du véritable Angelus, elle est toute guillerette. Est-ce une contradiction de sa personnalité et un autre moyen de nous montrer qu'elle a complètement perdu la boule ? Par ailleurs, si une fille d'un mètre soixante armée d'un lance-roquettes se tenait sur un comptoir de bijouterie, dans un centre commercial plein à craquer, et qu'elle faisait exploser en mille morceaux une grosse créature bleuâtre, vous ne trouveriez pas que l'incident serait un peu difficile à couvrir ?

OUPS ! : J'ai repéré une énorme erreur dans cet épisode. Quand Buffy rentre chez elle et qu'elle s'endort en pleurant à chaudes larmes, Willow, Alex, Oz et Cordelia se réunissent pour aller visiter les baraquements militaires. Buffy se réveille, réalise que Jenny connaît la vérité et se rend à l'école avec l'idée de la faire avouer. Nous voyons ensuite la scène dans laquelle la bande entre dans les baraquements, mais cela se passe la nuit précédente. Aïe !

DÉTAIL INTÉRESSANT : Lors de sa première diffusion, cet épisode a réalisé le meilleur score d'audience de la série. Plus de cinq millions de foyers américains étaient à ce moment-là devant leur petit écran.

MUSIQUE : La musique de cet épisode est de Christophe Beck.

CULTURE POP : A un moment, Buffy ordonne aux autres de rester en embuscade pendant qu'elle se chargera du juge. « Je m'occupe du Schtroumpf », dit-elle. Tout le monde se rappelle le dessin animé créé dans les années 80 dans lequel les gentils petits bonshommes bleus devaient déjouer les ruses du méchant Gargamel.

2.15 « Pleine lune »

TITRE ORIGINAL : *Phases*
DATE DE LA PREMIÈRE DIFFUSION : 27 janvier 1998
SCÉNARIO : Rob Des Hotel et Dean Batali
RÉALISATION : Bruce Seth Green
AVEC : Seth Green : Oz
Camila Griggs : le professeur d'éducation physique
Jack Conley : Cain
Larry Bagby III : Larry
Megahn Perry : Theresa Klusmeyer
Keith Campbell : le loup-garou

Quand un loup-garou se met à attaquer les couples qui se bécotent dans l'allée des amoureux, Oz pense être cette créature.

Jusqu'à présent, Buffy nous a fait faire une visite assez complète de la galerie des horreurs : vampires, momies, possession démoniaque, sorcières, monstres et poulpe géant. Mais le tableau n'aurait pas été complet sans les loups-garous. « Pleine lune » exploite la légende du loup-garou en utilisant des conventions puisées dans plusieurs films.

La légende des loups-garous trouve son origine en Europe. De 1520 à 1630, elle donna même lieu à un phénomène d'hystérie collective. En France, plus de trente mille personnes soupçonnées d'être des loups-garous furent jugées. Comme dans les procès en sorcellerie, les accusés étaient souvent de pauvres paysans. Dès qu'il y avait une épidémie ou de mauvaises récoltes, on disait que c'était la faute des loups-garous qui erraient la nuit dans la campagne. Deux théories coexistaient. Pour certains, la métamorphose était voulue par le loup-garou tandis que, pour d'autres, elle échappait à son contrôle.

L'amnésie d'Oz dans cet épisode est une entorse à la mythologie. En effet, si l'on en croit la légende, la victime peut ne garder aucun souvenir de ce qu'elle a fait lorsqu'elle était un loup-garou, mais il se passera toujours quelque chose dans la journée suivant sa métamorphose qui lui rafraîchira la mémoire. Ce sont précisément ces souvenirs qui rendent l'existence des loups-garous si horrible. Car la personne doit vivre en gardant en tête les images de ses crimes sans toutefois rien pouvoir faire pour les empêcher. En outre, aucune chaîne, aucune prison ne peut retenir le loup-garou qui est doté d'une force surnaturelle. En d'autres termes, la bande, qui accepte la condition d'Oz, ferme les yeux sur certains éléments très importants de la légende, comme le fait qu'une fois par mois la vie de Willow sera mise en grave danger.

Comme pour le vampirisme, on rapporte de nombreux cas psychiatriques de personnes persuadées qu'elles étaient des loups-garous. On appelle ce trouble « lycanthropie », du nom du roi Lycaon qui fut changé en loup par Zeus. Dans la plupart de ces cas, on diagnostique une schizophrénie à tendance paranoïaque. Ces hallucinations sont causées tantôt par l'usage de drogues tantôt par de graves désordres mentaux.

Selon le folklore, il existe plusieurs signes indiquant qu'une personne est un loup-garou (servez-vous de la liste suivante pour vous assurer que vous ne comptez pas ce genre de monstres parmi vos amis) : des paumes velues, un index ou un majeur démesurément long, un grand besoin de sommeil à cause de l'énergie dépensée lors de la transformation, le fait de dormir avec la bouche ouverte parce que les mâchoires, une fois refermées, ne peuvent plus être ouvertes, enfin la présence d'un pentacle sur le corps, lequel apparaît mystérieusement après le premier meurtre. Il existe aussi plusieurs façons de devenir un loup-garou : en mangeant de la chair d'humain ou de loup, en mangeant la cervelle d'un loup, en étant mordu par un loup ou par un loup-garou, en naissant le jour de Noël, etc. La seule manière de tuer un loup-garou est de le blesser avec une balle d'argent (sur ce point, les films sont conformes à la légende). Dans la tradition populaire, un loup-garou, en mourant, se change en vampire.

La plupart des films de loups-garous prennent beaucoup de libertés avec la légende. Oz a plus en commun avec Michael Landon dans le film de 1957 *I Was a Teeenage Werewolf* et avec Michael J. Fox dans *Teen Wolf* (1985). Le loup-garou, dans ces deux films, est utilisé comme une métaphore des transformations que connaît le corps masculin au moment de la puberté. Le parallèle n'échappe pas à Willow d'ailleurs puisqu'elle compare la condition d'Oz avec les règles chez la femme (faisant du coup frémir tous les spectateurs mâles). Toutefois, à la différence des créatures représentées dans les films, Oz ressemble à un vrai loup quand il se transforme (ce qui est conforme à la légende) plutôt qu'à une créature hybride, comme c'est en général le cas dans les films. (*Le loup-garou de Londres*, 1981, est l'un des rares films montrant un loup-garou ressemblant vraiment à une bête.) D'autre part, alors que dans la légende, on devient un loup-garou sous l'effet de circonstances extérieures, dans le film *Teen Wolf*, cet état est héréditaire. De la même façon, Oz voit ses doutes confirmés quant à l'origine de son état, lorsqu'il découvre qu'un de ses cousins était un loup-garou. Toutefois, dans son cas, la transmission n'est pas héréditaire, car il a été mordu par son cousin.

Il est intéressant de noter que les scénaristes ont choisi d'écrire un épisode consacré à Oz juste après la diffusion d'« Innocence », qui était le pivot de la deuxième saison. C'était un procédé osé mais habile. Les quatre derniers épisodes s'étaient en effet beaucoup concentrés sur la relation entre Buffy et Angel. Or, beaucoup de fans avaient des préférences pour d'autres personnages. Le moment était donc idéal pour braquer les projecteurs sur un autre couple.

Cet épisode marque une évolution dans la relation entre Oz et Willow, mais aussi dans celle entre Willow et Cordelia. On voit en effet les deux anciennes ennemies se rapprocher dans une scène où elles se lamentent sur leurs petits amis respectifs. Le fait que Cordelia se plaigne d'Alex montre qu'elle ne voit plus leur histoire comme une aventure sans lendemain mais bien comme une relation durable.

Il y a aussi dans cet épisode plusieurs références bien senties à la première saison. Par exemple, Oz qui contemple le trophée des pompom girls dit avoir l'impression qu'on le regarde. Il faut avoir vu « Sortilège » pour comprendre cette plaisanterie (la mère d'Amy y était prise au piège dans le trophée). Ce commentaire est aussi une forme d'annonce du prochain épisode dans lequel nous verrons revenir le personnage d'Amy. Il y a une autre référence, plus importante celle-là, à l'épisode « Les hyènes », quand la langue d'Alex fourche et que Buffy réalise qu'il se rappelle tout ce qu'il a fait quand il était sous l'emprise de la hyène. Mais contrairement à ce qui s'était passé à la fin de cet épisode, quand il s'était montré plutôt déboussolé, Alex ici voit la possession comme une expérience qui lui a donné du pouvoir.

« Pleine lune » est un très bon épisode qui non seulement nous permet de mieux connaître Oz, mais qui explore aussi les relations entre les différents personnages de la série et marque le début des tortures qu'Angelus va infliger à Buffy.

MEILLEURE SCÈNE : Buffy s'efforçant de jouer les faibles femmes dans un cours d'autodéfense.

ÇA ME CHIFFONNE : Buffy vient de signer le livre des funérailles quand elle doit tuer Theresa qui vient de se transformer en vampire. Etant donné qu'il n'y a plus de corps dans le cercueil, la famille de Theresa aurait dû interroger Buffy, puisqu'elle était la dernière personne à avoir vu la jeune femme.

OUPS ! : Quand, au début de l'épisode, Alex et Cordelia se disputent dans la voiture, regardez le côté gauche de sa frange, il n'arrête pas de monter et de descendre. Mais c'est dans la scène de la bibliothèque, juste après que Giles a chargé le fusil à tranquillisant, que j'ai remarqué une erreur de taille. Selon l'angle de la caméra, ses lunettes apparaissent et disparaissent de son nez.

MUSIQUE : Quand Cordelia et Willow sont au *Bronze* et se plaignent de leurs petits amis, le groupe sur scène s'appelle Lotion et il joue un morceau intitulé *Blind for Now* extrait de son album *Nobody's Cool*. La musique de cet épisode est de Sean Murray et Shawn Clement.

CULTURE POP : A un moment, Cordelia dit à Alex : « J'ai l'impression que t'as forcé sur "Obsession for Dorks". » Il s'agit bien sûr d'une référence à l'eau de toilette « Obsession for Men » de Calvin Klein.

2.16 « Un charme déroutant »

TITRE ORIGINAL : *Bewitched, Bothered and Bewildered*
DATE DE LA PREMIÈRE DIFFUSION : 10 février 1998
SCÉNARIO : Marti Noxon
RÉALISATION : James A. Contner
AVEC : Seth Green : Oz
Kristine Sutherland : Joyce Summers
Robia LaMorte : Jenny Calendar
Elizabeth Anne Allen : Amy
Mercedes McNab : Harmony
Lorna Scott : Miss Beakman
James Marsters : Spike
Juliet Landau : Drusilla
Jason Hall : Devon
Jennie Chester : Kate

Un sortilège d'amour qu'Alex destine à Cordelia lui est retourné avec des effets désastreux.

Cet épisode est très divertissant, et c'est avec plaisir que nous retrouvons Amy dont nous avions fait la connaissance à la première saison. Toutefois, il est un peu décevant de la voir ici lancer des sorts, alors qu'elle connaît les effets que la magie noire a eus sur sa mère dans l'épisode « Sortilège ». On aurait pu s'attendre qu'Amy soit traumatisée d'avoir perdu sa mère dans d'aussi terribles circonstances. Au lieu de cela, nous la voyons marcher sur les traces de sa chère maman. Il est très fréquent qu'on fasse appel à la magie pour s'attirer l'amour de quelqu'un. Toutefois, comme je l'expliquais dans le commentaire de « Sortilège », si le charme est impur, il peut revenir vers celui ou celle qui l'a lancé avec une force multipliée par trois, d'où les hésitations d'Amy face à la demande d'Alex.

Buffy contre les vampires a ceci de particulier que même quand l'intrigue n'a pas de lien avec d'autres épisodes, les scénaristes ajoutent des petits détails pour créer malgré tout une continuité. En l'occurrence, nous voyons Angel agir avec une grande cruauté le jour de la Saint-Valentin. Malheureusement, il semble prévoir que Giles et Buffy le perceront à jour et il attendra l'épisode intitulé « La boule Thesulah » pour semer le désastre dans la vie de tous ceux qui entourent la Tueuse.

Pourquoi le charme jeté par Amy n'opère-t-il pas ? Peut-être parce qu'elle n'est pas une sorcière suffisamment expérimentée. Giles semble penser que c'est parce qu'elle s'est servie du collier de Cordelia et qu'il l'a protégée. Mais son échec pourrait aussi s'expliquer par une erreur sur la déesse invoquée par Amy. Diane, selon Amy, est la déesse de l'amour et de la chasse. Or la déesse de l'amour, c'est Vénus. Diane est celle des bêtes sauvages et de l'enfantement. Plusieurs temples lui étaient dédiés. Ils étaient gardés par des prêtres dont le rituel de succession était pour le moins particulier. En effet, celui qui voulait devenir le grand prêtre d'un temple de Diane devait tuer son prédécesseur dans un combat au corps à corps. Des sacrifices humains étaient également pratiqués dans ces temples. Mais les Romains n'ont pas eu de déesse de l'amour et de la compassion jusqu'à la venue de Vénus. Quand Amy invoque Diane, c'est donc à la déesse de la chasse qu'elle adresse ses prières, ce qui pourrait expliquer pourquoi, au lieu d'être aimé, Alex se retrouve chassé.

Pour le sortilège de la vengeance, Amy invoque Hécate qui était à l'origine une déesse bienveillante, dispensatrice de richesses et de talents, mais qui, au fil des ans, prit un caractère maléfique. Associée à la sorcellerie, on disait qu'elle apparaissait aux mages une torche à la main. On lui attribue l'invention de la sorcellerie, et des statues lui étaient élevées aux carrefours où on lui laissait des offrandes. Amy ne s'est pas trompée en faisant appel à elle.

Un des grands moments de cet épisode est le pas important que franchit Cordelia quand elle éloigne ses amis pour pouvoir rester seule avec Alex. Maintenant, elle ne le considère plus comme un jouet et fait tout pour le ménager. Alex et elle continuent bien sûr de se quereller, mais il est clair que leur relation devient de plus en plus solide.

Cet épisode est très amusant, c'est d'ailleurs probablement l'un des plus drôles de la deuxième saison.

MEILLEURE SCÈNE : Le rat de Buffy.

ÇA ME CHIFFONNE : Quand Alex fait son entrée triomphale dans le hall du lycée, tous les gens le regardent d'un drôle d'air. Or, si réellement le sortilège affecte tout le monde, y compris les garçons, pourquoi est-ce que Giles, Oz et Angel n'en subissent-ils pas les effets ? A propos de Giles justement, pourquoi se met-il en colère contre Alex ? Certes ce qu'a fait Alex était stupide, mais ce n'est pas comme si Giles n'avait jamais fricoté avec des démons. Aurait-il oublié Eyghon ?

OUPS ! : Alex et Cordelia s'enfuient du lycée le matin. Mais quand ils arrivent chez Buffy, c'est le soir et Joyce est chez elle. Ces jeunes vivent-ils si loin de leur bahut ?

MUSIQUE : Quand Alex attend l'arrivée de Cordelia au *Bronze*, on entend le morceau *Pain* extrait de l'album du groupe Four Star Mary. (C'est une nouvelle fois ce groupe que double Dingoes Ate My Baby.) Au moment où Cordelia rompt avec Alex, le morceau qu'on entend s'appelle *Drift Away*. Il est extrait de l'album du groupe Naked. Quand Alex fait son numéro dans le hall du lycée, on entend *Got the Love* du groupe Average White Band (extrait de l'album). La musique de cet épisode est de Christophe Beck.

CULTURE POP : Quand Alex traverse le hall sur cette musique funk, la caméra remonte de ses pieds vers sa taille. Les cinéphiles auront reconnu là une référence au premier plan de *La fièvre du samedi soir* (1977). Au début de ce film, Travolta avance sur le morceau *Stayin' Alive* des Bee Gees et il est filmé de la même façon.

2.17 « La boule Thesulah »

TITRE ORIGINAL : *Passion*
DATE DE LA PREMIÈRE DIFFUSION : 24 février 1998
SCÉNARIO : Ty King
RÉALISATION : Michael E. Gershman
AVEC : Robia LaMorte : Jenny Calendar
Kristine Sutherland : Joyce Summers
Richard Assad : le propriétaire de la boutique
James Marsters : Spike
Juliet Landau : Drusilla
Danny Strong : un lycéen
Richard Hoyt Miller : un policier

Jenny essaie de déchiffrer le sortilège qui rendra son âme à Angel, mais celui-ci la tue avant qu'elle ait eu le temps d'accomplir sa mission.

« La boule Thesulah » est un de ces petits bijoux qui nous récompensent des heures passées devant notre télé. La subtilité du jeu des acteurs, la musique et la réalisation le classent parmi les épisodes favoris des fans. En général, les voix off dans les films ont tendance à distraire le spectateur et à lui rappeler que ce qu'il voit n'est pas réel. Mais, dans cet épisode, la voix off d'Angel qui exprime ses pensées face aux événements est une réussite (ce procédé sera utilisé avec les mêmes effets dans « Acathla »). Dans *Buffy*, tous les personnages agissent par passion. L'amour de Giles pour les livres, celui d'Oz pour la musique, les étreintes d'Alex et de Cordelia dans le placard à balais, les vaines tentatives de Willow pour exciter la jalousie d'Alex, l'incapacité de Buffy à tuer Angel en sont autant d'exemples. Comme nous le dit le narrateur, la passion nous guide et fait de nous ce que nous sommes. Au début de l'épisode, Giles dit à Buffy qu'elle ne peut se payer le luxe de se laisser dominer par la passion, mais Buffy est humaine. La passion est aussi indispensable à sa survie que l'air qu'elle respire. Même Angel est dominé par la passion, celle de torturer Buffy. La passion peut être bonne ou mauvaise. Elle peut nous aider à accomplir de grandes choses ou à commettre des actes que nous aurons à regretter plus tard.

Les précédents épisodes ne nous avaient donné qu'une vague idée des horreurs dont Angel s'était rendu coupable par le passé, mais dans celui-ci il commence pour de bon ses tortures sur Buffy. Nous pressentons le danger quand nous le voyons se glisser dans la chambre des gens qu'elle aime afin de les regarder dormir. Pour la première fois, Buffy est tentée d'avouer à sa mère qu'elle est une Tueuse de vampires, pour lui faire prendre conscience des menaces qui pèsent sur eux. Elle n'a pas à le faire grâce au sortilège de Giles. Toutefois Joyce apprend que sa fille a perdu sa virginité avec Angel, ce qui pour une adolescente est une révélation bien pire. Buffy se voit rappeler qu'elle a créé Angelus par sa propre passion (un concept qui sera repris dans « La soirée de Sadie Hawkins »). Et la pauvre Joyce doit assener un cours de morale à sa fille sans réaliser que celle-ci est bien plus mûre que les autres adolescentes de son âge. Comme beaucoup de mères, Joyce n'arrive pas à admettre que, même si elle est très proche de sa fille, il y a des choses que celle-ci doit garder pour elle.

De son côté, Jenny a souffert d'avoir menti à la bande qui n'a rien remarqué de ses tourments. Elle décide, contre l'avis des siens, d'utiliser les pouvoirs qu'elle a hérités de son peuple. La scène dans laquelle elle s'attaque à Angel est pleine de suspense, mais elle devient choquante quand Angel tue Jenny. Dans combien d'autres séries a-t-on ainsi éliminé l'un des principaux personnages ?

Boreanaz est absolument terrifiant. Toutefois la performance d'Anthony Stewart Head dans la scène où il découvre Jenny dans son appartement est encore plus époustouflante. La seule raison pour laquelle Giles survivra aux tortures physiques qui lui seront infligées dans « Acathla » est que rien ne peut surpasser en douleur ce qu'il a subi dans cet épisode. Tandis qu'il monte l'escalier, son expression passe de la surprise à la joie puis à l'horreur. La musique jouée sur le phonographe met la touche finale à une scène parfaite.

A la fin, Buffy est rongée par la culpabilité, mais Giles ne rejette pas la faute sur elle, parce que lui-même a succombé à sa passion en pourchassant Angel. Toutefois, cet épisode nous remet en mémoire l'échec de Buffy dans « Innocence » et, pour la première fois, Alex arrive à dépasser sa jalousie pour Angel et insiste pour qu'il soit tué. Rien que pour les dilemmes auxquels il confronte les personnages, cet épisode est à classer au-dessus de tous les autres. Avec les deux parties d'« Acathla », « La boule Thesulah » constitue le plus grand moment de cette deuxième saison.

MEILLEURE SCÈNE : L'idée fixe de Cordelia qui veut laisser Angel dans sa voiture.

ÇA ME CHIFFONNE : Pourquoi la pierre tombale de Jenny porte-t-elle le nom de Jennifer Calendar ? Tout le monde sait que ce n'était pas son vrai nom. D'autre part, juste avant qu'elle retrouve ses poissons embrochés par Angel, Willow a mis de la nourriture dans l'aquarium.

Comment n'a-t-elle pas remarqué qu'il était vide ? Et comment Angel est-il entré chez Giles sans y être invité ? Un autre détail m'intrigue : Giles et Jenny décident de se retrouver chez lui plus tard. Giles laisse Jenny dans la salle d'informatique et fait un saut chez Buffy avant de rentrer. Entre-temps, Angel parle à Jenny, la poursuit à travers tout le lycée, la tue, transporte son corps jusqu'au domicile de Giles, met du champagne au frais, arrange les fleurs, écoute de la musique, allume des bougies partout et fait un dessin du cadavre de Jenny. Et tout ça avant que Giles rentre chez lui ! Est-ce que l'Observateur aurait eu une panne en route ?

OUPS ! : Jenny demande à Angel comment il s'est introduit dans le lycée, pourtant dans « Innocence », elle l'a déjà arrêté dans le hall, l'a déjà vu traîner dans l'établissement à plusieurs reprises et sait pertinemment que les vampires peuvent entrer où bon leur semble. D'autre part, quand la bande tient une réunion matinale dans la bibliothèque, la pendule au-dessus de l'épaule de Giles indique midi.

MUSIQUE : Au début de l'épisode, quand Angel parle pendant que la bande danse au *Bronze*, on entend *Never An Easy Way* extrait de l'album *Who Can You Trust ?* du groupe Morcheeba. Quand Giles entre chez lui s'attendant à trouver Jenny à l'étage, la musique du phono est un extrait de l'opéra *La bohème* de Puccini intitulé *O soave fanciulla !* C'est Christophe Beck qui a composé la merveilleuse musique de cet épisode et, à la fin, quand Giles dépose des fleurs sur la tombe de Jenny, la voix qu'on entend chanter est celle d'Anthony Stewart Head.

CULTURE POP : Alex dit à Buffy : « Si Giles veut en finir avec un monstre qui a tué son amie, moi je lui dis : "*Faster Pussycat, Kill ! Kill !*" » *Faster Pussycat, Kill ! Kill !* est le titre d'un film culte de Russ Meyer tourné en 1965 et repris en 1995. On y voit trois femmes à grosse poitrine vêtues de cuir (Russ Meyer avait un goût très prononcé pour ce genre de femmes qu'on retrouve dans tous ses films) qui font une virée meurtrière dans le désert. Pour John Waters (l'auteur de *Hairspray* et de *Pink Flamingos*), *Faster Pussycat, Kill ! Kill !* est le meilleur film de tous les temps.

TITRE ORIGINAL : *Killed By Death*
DATE DE LA PREMIÈRE DIFFUSION : 3 mars 1998
SCÉNARIO : Rob Des Hotel et Dean Batali
RÉALISATION : Deran Serafian
AVEC : Kristine Sutherland : Joyce Summers
Richard Herd : Dr Backer
Willie Garson : un vigile
Andrew Ducote : Ryan
Juanita Jennings : Dr Wilkinson
Robert Munic : un interne
Mimi Paley : Buffy enfant
Denise Johnson : Celia
James Jude Courtney : Kindestod

A l'hôpital, Buffy découvre que la mort se matérialise sous la forme d'un monstre qui tue les enfants.

Il aurait été difficile de surpasser « La boule Thesulah », et malheureusement « Réminiscence » est loin du compte. Les intrigues secondaires sont le seul intérêt de cet épisode, car la trame principale sent beaucoup le remplissage.

Néanmoins, les fans de la relation Alex et Cordelia seront comblés. Pour commencer, Cordelia balance à Alex qu'elle en a marre de le voir faire toujours plus attention à Buffy qu'à elle-même. Le personnage de Cordelia a connu beaucoup de mutations au cours de la saison, même s'il n'a rien perdu de son égocentrisme. Pom-pom girl égoïste, pimbêche et mauvaise langue, Cordelia est devenue une jeune fille qui accorde plus d'importance à ses amis qu'à sa propre popularité. Dans cet épisode, elle fait preuve de subtilité quand elle apporte à Alex un sac de beignets. Elle sait qu'il garde la porte de Buffy, mais elle vient quand même lui apporter à manger, parce qu'elle tient à lui.

Dans cet épisode, nous assistons à l'unique confrontation entre Angel et Alex. Alex apprend à cette occasion que Buffy et Angel ont couché ensemble. Angel retourne savamment le couteau dans la plaie, mettant Alex plus bas que terre. Mais même blessé et humilié, Alex trouve encore la force d'obliger Angel à partir en lui rappelant que jamais il ne sera un mortel. Alex va dire et faire des choses très contestables dans les épisodes suivants, mais nous devrons garder à l'esprit que ce qui importe avant tout pour lui, c'est de protéger Buffy.

Les réminiscences que Buffy a de la mort de sa cousine apportent un nouvel éclairage sur le personnage. Le passage dans lequel Buffy enfant joue les superwomen est très drôle. Quant à Kindestod, il n'est pas sans rappeler Freddie Krueger. Toutefois s'il y avait ici une métaphore, elle est si profonde que je ne l'ai pas comprise. A l'évidence, les scénaristes essaient de donner toutes sortes d'explications possibles aux mystérieux décès des enfants, mais qu'est-ce que cela a à voir avec la bande de Buffy ?

« Réminiscence » n'est pas un épisode très excitant dans l'ensemble. Le plus malheureux, c'est que sa diffusion a été suivie par sept semaines de reprises. On ne peut pas dire que les scénaristes nous aient tenus en haleine avec celui-là.

MEILLEURE SCÈNE : Willow se servant de sa phobie des grenouilles pour distraire les vigiles.

ÇA ME CHIFFONNE : Au début, la bande couvre la tête d'Angel avec une veste pour arrêter son attaque contre Buffy. Pourquoi est-ce que personne ne l'a tué à ce moment-là ? De plus, si réellement Buffy est plus forte que les autres parce qu'elle est une Tueuse, comment est-il possible qu'une petite grippe la mette si mal en point ?

OUPS ! : La porte derrière laquelle Kindestod disparaît porte l'inscription : « Accès au sous-sol. » Or cet écriteau n'était pas là dans les scènes précédentes. De plus, les beignets que Cordelia achète pour Alex viennent de chez *Krispy Kreme* et il n'y a aucun magasin qui vend cette marque en Californie.

MUSIQUE : La musique de cet épisode est de Christophe Beck.

CULTURE POP : Quand Buffy dit qu'elle va combattre la mort, Alex lui répond : « Si elle te demande de jouer aux échecs, refuse. » Alex fait ici allusion au film d'Ingmar Bergman *Le septième sceau* (1957) dans lequel un chevalier pour racheter sa vie engage la mort dans une partie d'échecs. Ce scénario a été parodié dans de nombreux films et émissions de télévision, notamment dans *Dove* (1968), dans lequel le duel avec la mort se joue au badminton, dans *Bill and Ted's Bogus Journey* (1991), dans *Guerre et amour* de Woody Allen (1975) et même dans *The Animaniacs*.

TITRE ORIGINAL : *I Only Have Eyes For You*
DATE DE LA PREMIÈRE DIFFUSION : 28 avril 1998
SCÉNARIO : Marti Noxon
RÉALISATION : James Whitmore, Jr.
AVEC : James Marsters : Spike
Juliet Landau : Drusilla
Armin Shimerman : le proviseur Snyder
Meredith Salenger : Grace Newman
Christopher Gorham : James Stanley
John Hawkes : George
Miriam Flynn : Ms. Frank
Brian Reddy : le chef de la police
Brian Poth : un garçon qui se bagarre
Sarah Bibb : une fille qui se bagarre
James Lurie : Mr. Miller
Ryan Taszreak : Ben

Un poltergeist hante le lycée de Sunnydale, obligeant les gens à rejouer un meurtre perpétré quarante ans plus tôt.

Après une période un peu léthargique de plusieurs semaines, Buffy fait une rentrée triomphale avec « La soirée de Sadie Hawkins ». Nous comprenons que Buffy se reproche non pas d'avoir été incapable de tuer Angel mais d'avoir contribué involontairement à lui enlever son âme. Quand la bande découvre que le poltergeist qui hante l'école a tué son professeur par amour, Buffy pique une grosse colère et décide immédiatement de s'attaquer à lui. Il se servira finalement d'elle pour sortir du purgatoire, mais cela ne surprendra personne.

La scène de la mort qui se répète n'est jamais lassante, car nous voyons quatre couples l'interpréter (y compris le premier dans un flash-back). Il est intéressant de voir comment chacun s'adapte au scénario. Seuls Buffy et Angel intervertissent les genres.

Autre bonne surprise de cet épisode : les guest stars sont des visages connus. Meredith Salenger a joué dans de nombreux films pour ados dans les années 80, aux côtés de vedettes telles que River Phoenix, Corey Haim ou Corey Feldman. Miriam Flynn a incarné de nombreux rôles sur le grand et le petit écran. Dans l'épisode suivant, « Les hommes-poissons », nous verrons Conchata Ferrell qui a joué dans une douzaine de films pour le cinéma et la télévision et qui a notamment tenu le rôle de Susan Bloom, une avocate pleine d'humour dans *La loi de Los Angeles*. De toute évidence, *Buffy contre les vampires* est devenu si populaire que les gens se bousculent pour apparaître dans la série.

La réaction de Giles face au poltergeist est émouvante. Il désire si fort le retour de Jenny qu'il veut se convaincre que c'est elle qui cherche à établir un contact avec lui. Comme il ne veut accepter aucune autre explication, Buffy et sa bande doivent se débrouiller seuls pour élucider ce mystère. Et quand ils mettent leur plan à exécution, Willow n'a pas le courage de dire à Giles qu'il s'est trompé. C'est seulement quand l'activité du poltergeist met leur vie en danger que Giles admet enfin son erreur.

« La soirée de Sadie Hawkins » contient quelques développements essentiels. D'abord, il devient clair que Spike préférait Angel avec une âme. Angel, en effet, prend autant de plaisir à le torturer qu'à torturer Buffy. De plus, on voit Angel et Drusilla flirter devant Spike toujours cloué dans son fauteuil roulant. Les plaisanteries d'Angel sur son handicap deviennent de plus en plus cruelles. Quant à Drusilla, elle n'a pas l'air de se soucier de ce que Spike peut ressentir mais, de toute façon, n'ayant pas d'âme elle ne peut éprouver aucune compassion. La jalousie et la rage de Spike nous incitent à penser une fois de plus qu'il est différent des autres vampires, lesquels ne ressentent aucune émotion.

Par ailleurs, nous apprenons que Snyder connaît l'existence de la bouche de l'enfer, bien qu'il semble ignorer que Buffy soit la Tueuse. Nous apprenons qu'il a été nommé à son poste par le conseil municipal, ce qui peut expliquer sa haine viscérale des élèves. Cet homme n'est pas un proviseur.

La scène d'amour entre Buffy et Angel est admirablement interprétée en particulier par Boreanaz qui joue le rôle d'une femme. Il sait trouver des gestes et des attitudes très féminins sans tomber dans la caricature. Pendant un court instant, nous aurions presque l'impression d'avoir retrouvé l'ancien Angel. En jouant cette scène, Buffy arrive à faire la paix avec sa conscience. Comme Grace est arrivée à pardonner à James, Angel dit à Buffy : « Tu croyais que je ne t'aimais plus, mais c'était faux. Je t'aimais passionnément. » Nous savons qu'il est sincère.

MEILLEURE SCÈNE : Spike se levant de son fauteuil roulant.

ÇA ME CHIFFONNE : Pourquoi n'avons-nous jamais entendu sonner cette cloche jusqu'à présent ? En outre, il est difficile de croire que les étudiants soient aveugles au point d'avaler l'histoire de Snyder qui explique l'apparition de serpents sur leurs plateaux de la cafét à cause des égouts bouchés.

OUPS ! : Willow parle des dossiers et des fichiers trouvés sur l'ordinateur de Jenny. Les scénaristes ont-ils oublié qu'Angel a bousillé le disque dur de Ms. Calendar ? De plus la chanson des Flamingos *I Only Have Eyes For You* qui a inspiré le titre original de cet épisode a été écrite en 1959. Or Grace et James dansent sur cette musique en 1955. Dernier point : dans le générique de début, le nom de Meredith Salenger est mal orthographié.

MUSIQUE : Quand Buffy décline l'invitation de Ben qui veut l'accompagner à la soirée de Sadie Hawkins au *Bronze*, le morceau qu'on entend est *Charge* du groupe Splendid. La chanson des Flamingos *I Only Have Eyes For You* se trouve sur plusieurs compilations de vieux tubes. La musique de cet épisode est de Christophe Beck.

CULTURE POP : Quand Buffy empêche le premier type de tuer son amie, elle dit : « Tu viens de faire le coup d'O.J. à ta copine. » Il s'agit bien sûr d'une référence au retentissant procès d' O.J. Simpson, le footballeur accusé du meurtre de sa femme.

2.20 « Les hommes-poissons »

TITRE ORIGINAL : *Go Fish*
DATE DE LA PREMIÈRE DIFFUSION : 5 mai 1998
SCÉNARIO : David Fury et Elin Hampton
RÉALISATION : David Semel
AVEC : Armin Shimerman : le proviseur Snyder
Charles Cyphers : l'entraîneur de l'équipe de natation
Jeremy Garrett : Cameron Walker
Wentworth Miller : Gage Petronzi
Conchata Ferrell : l'infirmière Greenleigh
Danny Strong : Jonathan
Shane West : Sean
Jake Patellis : Dodd McAlvy

Buffy et sa bande sont confrontés à la métamorphose des membres de l'équipe de natation de Sunnydale en étranges créatures aquatiques.

« Les hommes-poissons » fait à l'évidence office d'épisode de remplissage avant le finale de la saison, c'est pourquoi on n'y retrouve

© AGENCE STILLS/FOTO BLITZ

pas les idées et le symbolisme qui caractérisent la série. Il contient néanmoins quelques bons moments.

Un des grands paradoxes du système éducatif américain est qu'il réserve un traitement de faveur aux athlètes, tandis que les étudiants qui excellent dans les matières académiques souffrent d'un manque de reconnaissance. Certes, ce système a le mérite de donner aux rois du ballon leur heure de gloire dont ils se souviendront ensuite avec nostalgie quand ils nettoieront les pare-brise dans une station-service. Toutefois, quand on sait que les années de lycée sont un moment de notre vie où nous sommes particulièrement émotifs et fragiles et qu'elles laissent souvent des traces indélébiles, on comprend l'amertume des grosses têtes.

Cet épisode parle des athlètes du lycée et des privilèges dont ils bénéficient. Gage préférerait surfer sur les sites érotiques du Web plutôt que d'écrire des programmes informatiques, mais Snyder ordonne à Willow de lui donner une bonne appréciation. Willow a beaucoup de difficultés à mentir. Elle est en plus une forte en thème qui a toujours travaillé dur pour obtenir des bonnes notes. Ce que lui demande Snyder va à l'encontre de tous ses principes. Entre-temps, Buffy manque de se faire violer par Cameron. Pourtant celui-ci n'est pas sanctionné par Snyder qui reporte la faute sur Buffy dont la tenue, dit-il, était trop provocante. Ce que j'ai trouvé le plus dérangeant dans cet incident, c'est le manque de compassion dont la bande fait preuve à l'égard de Buffy. Alors qu'elle se plaint devant eux de ce qu'elle a subi, ils la regardent tous avec l'air de penser : « Mais elle ne va pas la fermer ? », comme si une agression sexuelle, après tout, n'était pas un drame. Certes, dans ce genre de situations, Buffy sera toujours plus forte que son agresseur, mais de là à nier comme ils le font la gravité de l'incident...

Ce que j'ai préféré dans cet épisode, c'est le pas de géant que franchit la relation entre Cordelia et Alex. Dans « Réminiscence », on avait vu qu'ils étaient liés par autre chose que l'attirance physique, mais le discours que fait Cordelia à Alex dans cet épisode est tout simplement ébouriffant. Placée devant la possibilité qu'Alex se transforme en une créature aquatique, Cordelia, en bonne égoïste qu'elle est, commence par se préoccuper de savoir en quoi le fait de sortir avec une chose pareille va affecter son statut social. Mais quand elle voit la créature dans la piscine et qu'elle croit qu'il s'agit d'Alex, elle lui promet de continuer à sortir avec lui et de l'aider à s'adapter à son nouveau mode de vie. Dit-elle cela par peur ? Non, parce que si elle avait vraiment eu peur de la créature, elle se serait enfuie, plutôt que de la suivre sur toute la longueur de la piscine en lui ouvrant son cœur. Peut-être s'est-elle découvert une nouvelle attirance pour Alex depuis qu'elle l'a vu dans son mini slip de bain (de loin la scène la plus mémorable de cet épisode), toutefois on devine au ton de sa voix qu'il y a plus que ça.

« Les hommes-poissons » est un épisode distrayant, en dépit d'un manque de profondeur, et il offre aux spectateurs un dernier moment de légèreté avant l'époustouflant finale de la saison.

MEILLEURE SCÈNE : L'interrogatoire de Jonathan par Willow qui fait montre d'une autorité toute nouvelle chez elle.

ÇA ME CHIFFONNE : Cordelia et Alex emploient l'expression « courir comme une fille », alors qu'en fait la personne la plus forte dans leur vie est précisément une fille. D'autre part, quand l'entraîneur pousse Buffy vers les créatures, il lui dit qu'elles ont déjà déjeuné, insinuant par là qu'elles sont rassasiées et qu'elles ont juste besoin de satisfaire leur appétit sexuel. Alors quand Buffy pousse l'entraîneur à son tour et qu'elle lui dit combien ses gars l'aiment, insinue-t-elle vraiment ce que nous croyons comprendre ? Dernière chose : à la fin, quand les créatures s'éloignent vers le large, pourquoi nagent-elles si mal ?

OUPS ! : Les créatures sont au nombre de quatre, pourtant quand elles nagent vers l'océan, nous n'en comptons plus que trois.

MUSIQUE : Pendant la fête que l'équipe de natation fait sur la plage pour célébrer sa victoire, on entend le morceau *Mann Chinese* extrait de l'album du groupe Naked. Quand Buffy espionne Gage au *Bronze*, on entend le morceau *If You'd Listen* de Nero's Rome extrait de leur album *Togetherly*. La musique de cet épisode est de Shawn Clement et Sean Murray.

CULTURE POP : Cordelia dit qu'elle ne veut pas sortir avec la créature du lagon bleu et Alex la corrige en disant : « Du lagon noir ! *Le lagon bleu*, c'est un film avec Brook Shields. » Cordelia a confondu le film d'épouvante *La créature du lagon noir* (1954) avec *Le lagon bleu*, une romance pour ados dans laquelle Brook Shields se retrouvait sur une île déserte en compagnie de Christopher Atkins. Vu le contexte, on peut comprendre la confusion.

2.21 « Acathla » — première partie

TITRE ORIGINAL : *Becoming*
DATE DE LA PREMIÈRE DIFFUSION : 12 mai 1998
SCÉNARIO ET RÉALISATION : Joss Whedon
AVEC : Seth Green : Oz
James Marsters : Spike
Juliet Landau : Drusilla
Bianca Lawson : Kendra
Julie Benz : Darla
Armin Shimerman : le proviseur Snyder
Max Perlich : Whistler
Jack McGee : Doug Perren

Richard Riehle : l'Observateur de Los Angeles
Shannon Welles : une gitane
Zitto Kazann : un gitan

Tandis qu'Angel et Drusilla essaient d'ouvrir la bouche de l'enfer pour y engloutir la terre, les protagonistes de la série voient défiler leur passé.

Cet épisode a fait le bonheur des fans qui ont enfin trouvé des réponses aux questions qu'ils se posaient depuis le début de la série. Ainsi, nous apprenons comment Angel est devenu un vampire, comment il a retrouvé une âme, comment Buffy est devenue la Tueuse et Angel son gardien. Toutefois on ne nous explique pas comment Giles est devenu l'Observateur, mais c'est certainement parce que l'intrigue principale se concentre sur la relation entre Buffy et Angel. Malheureusement, ce petit rappel du passé n'a pas que des avantages, car il met en évidence certaines incohérences de la série (voir à ce propos le paragraphe OUPS !).

Une fois de plus, le procédé de la voix off est utilisé avec grand art. Cette fois, c'est celle de Whistler, un nouveau personnage particulièrement réussi (que nous espérons retrouver à la troisième saison). Son passé, comme la raison de sa présence, reste toutefois en grande partie inexpliqué. Nous savons juste de lui qu'il est un démon bienveillant envoyé pour porter secours à Angel. Whistler est joué par Max Perlich, un acteur connu pour ses rôles de composition dans *Maverick* et *Beautiful Girls*. L'intervention de Whistler marque un troisième tournant pour Angel qu'il aide à devenir un membre utile de la société. Parce qu'il connaît le passé aussi bien que le présent, nul ne peut mieux que lui assurer la fonction de narrateur.

En remontant dans le temps, la série nous fait découvrir les tourments qu'Angel (qui, au grand soulagement de tous, a perdu son horrible accent) a fait endurer aux autres ainsi que les tortures qui lui ont été infligées. Par des flash-back très bien sentis, Whedon lie avec brio le passé et le présent. Ainsi nous passons de la Drusilla d'antan, suppliant qu'on préserve sa pureté, à la Drusilla du présent, cruelle et complètement dérangée. Nous voyons Angel recevant son âme et, tout de suite après, le même Angel empêchant Willow et Buffy de retrouver le sortilège de Jenny. De même, l'image d'Angel regardant Buffy en 1996 se fond dans celle d'Angel regardant Buffy maintenant.

Le plus incohérent de ces retours dans le passé est celui dans lequel on voit Buffy devenir la Tueuse. Sachant que cette « intronisation » a eu lieu un an à peine avant le début de la série, pourquoi Buffy dans cette scène semble-t-elle si différente de ce qu'elle est aujourd'hui ?

Devons-nous en déduire qu'elle a brusquement grandi en devenant la Tueuse ? De plus, comme je l'ai déjà fait remarquer, dans « Bienvenue à Sunnydale », Angel donne l'impression de voir Buffy pour la première fois, alors que nous apprenons maintenant qu'il la surveille depuis toujours.

Le plus grand dilemme de cet épisode est posé par Alex qui s'insurge devant la décision de Buffy et de Willow de rendre son âme à Angel. Alex se montre alors si violent que Giles est obligé de le calmer. Alex est-il jaloux ? Se fait-il l'avocat du diable ou a-t-il raison ? Buffy est amoureuse d'Angel. Or le démon qui habite Angel est responsable de la mort de Jenny. Que se passera-t-il si on lui rend son âme ? La perdra-t-il de nouveau s'il vient à connaître un autre moment de bonheur ? Willow pourra-t-elle empêcher que cela se produise ? Certes, Angel était un bon allié pour la bande, mais Angelus est un monstre dangereux, une menace pour tout le monde. Voilà un passage de la série où les personnages sont divisés, où on ne sait plus qui a raison et qui a tort. Giles veut jeter le sort et en cela accomplir le dernier souhait de Jenny. Buffy veut être réunie avec celui qu'elle aime. Alex, lui, ne veut pas qu'Angel retrouve son âme, en partie à cause de la jalousie qu'il éprouve pour lui. A ce moment-là, il est clair que tous les personnages sont guidés par leurs passions. Willow est la seule à refuser de prendre position.

La fin de cet épisode est très forte, surtout grâce au ralenti qui prolonge la scène dans laquelle Buffy arrive sur le lieu du désastre. La musique est si efficace à cet instant qu'elle devient presque un personnage à part entière. Kendra est morte, Alex et Willow sont inconscients, Cordelia est partie et Giles s'est fait enlever. Comme le dit très justement Whistler, on ne peut jamais se préparer à des moments pareils. Buffy l'a probablement imaginé très souvent, mais elle n'a pas pu s'y préparer. Cette première partie d'« Acathla » se conclut sur un suspense auquel Whedon, avec son talent habituel, apportera une fin brillantissime dans le tout dernier épisode de la deuxième saison.

MEILLEURE SCÈNE : La réapparition de Darla au début.

ÇA ME CHIFFONNE : Comment Giles peut-il utiliser comme presse-papiers un objet aussi précieux qu'une boule Thésulah ? On comprend qu'il s'agisse d'un gag, mais quand même il est étrange que Giles n'ait pas pensé plus tôt à la donner pour qu'elle soit utilisée dans le sortilège ? De plus, nous n'avons pas vu comment Spike est devenu un vampire. Mais peut-être les scénaristes nous réservent-ils ça pour plus tard ? Enfin, le moment où Kendra appelle son pieu M. Pointu est un peu faiblard et pas très cohérent avec le personnage.

OUPS ! : Angel est âgé de deux cent quarante et un ans, ce qui veut dire qu'il serait né en 1756. Or, dans cet épisode, nous apprenons qu'il a été transformé en vampire en 1753. On dirait que quelqu'un a besoin de réviser son arithmétique. Par ailleurs, il y a quelques problèmes de dates avec les épisodes précédents. Par exemple, dans « Billy », Buffy dit à Willow que ses parents ont divorcé l'année précédente (soit en 1996) mais qu'ils étaient séparés depuis un moment. Dans cet épisode, on voit que ses parents vivaient toujours ensemble en 1996. De plus, dans « Alias Angelus », Angel confie à Buffy qu'il a été un démon depuis cent ans, alors qu'en fait c'est pendant cent cinquante ans.

DÉTAIL INTÉRESSANT : « Acathla » a remporté en 1998 l'Emmy Award technique de la meilleure musique de série télévisée.

MUSIQUE : La musique de cet épisode est de Christophe Beck.

2.22 « Acathla » — deuxième partie

TITRE ORIGINAL : *Becoming* 2
DATE DE LA PREMIÈRE DIFFUSION : 19 mai 1998
SCÉNARIO ET RÉALISATION : Joss Whedon
AVEC : Seth Green : Oz
Robia LaMorte : Jenny Calendar
Kristine Sutherland : Joyce Summers
James Marsters : Spike
Juliet Landau : Drusilla
Armin Shimerman : le proviseur Snyder
Max Perlich : Whistler
James G. MacDonald : le détective Stein
Susan Leslie : le premier policier
Thomas G. Waites : le second policier

Pendant qu'Angel torture Giles et que Willow essaie le sortilège qui lui rendra son âme, Buffy se prépare à tuer Angel.

Que puis-je dire ? Le maître de la série télévisée s'est encore surpassé. Joss Whedon, tu es un dieu ! Ce finale laisse le spectateur hors d'haleine, implorant à genoux qu'on lui donne des réponses.

Buffy et Giles nous montrent une fois de plus qu'ils ont une volonté de fer. Plus ils subissent d'épreuves et plus il est difficile de les casser.

Comme je l'ai déjà dit plus haut, Giles résiste aux tortures physiques parce que Jenny lui a été retirée et qu'à cet instant-là il a connu la pire souffrance qu'on puisse endurer. Buffy devient une fugitive. Elle se fait jeter de chez elle et virer du bahut. Ses amis sont à l'hôpital, mais elle se montre plus inflexible que jamais dans l'accomplissement de son devoir. Toutefois, comme le lui fait justement remarquer Whistler, elle a encore quelque chose à perdre. Et malgré toute sa perspicacité, Buffy n'aurait pas pu deviner ce que c'était.

Le principal rebondissement de cet épisode est sans conteste le moment où Joyce apprend que sa fille est la Tueuse. La prochaine saison sera différente, maintenant que Mrs. Summers est dans le secret. Du coup, la dynamique de la série en est complètement changée. Le secret de Joyce représentait tout ce que les adolescents cachent à leurs parents et maintenant qu'il a été révélé, il sera intéressant de voir quelle nouvelle orientation va suivre la relation entre Buffy et sa mère. Il est difficile d'imaginer le choc qu'a pu ressentir Joyce en apprenant la vérité sur sa fille. Et pour rendre les choses encore plus dures, Buffy ne prend pas le temps de lui expliquer. Elle parle au téléphone, chez elle, pendant que Joyce, qui se trouve dans le salon en compagnie de Spike, se demande si sa fille n'est pas dérangée. Nous sommes naturellement enclins à condamner Joyce pour la façon dont elle a traité Buffy. Mais demandez-vous quelle serait votre réaction si votre fille venait vous avouer que les vampires existent et qu'elle a décidé de défendre le monde contre eux.

Spike est merveilleux dans cet épisode. D'abord quand il essaie de raisonner Buffy (tout en se protégeant des coups qu'elle lui envoie), puis quand il explique qu'elle joue du triangle dans son groupe de rock, et enfin quand il attaque Drusilla. Il devient un personnage à multiples facettes qui, sans aucun doute, se développera encore à la troisième saison (eh oui, Spike et Drusilla reviendront !). Spike, qu'on avait négligé dans « Acathla » — première partie, revient dans ce finale et prend sa revanche.

Et que dire de la fin ? Devons-nous reprocher à Alex de n'avoir pas dit la vérité à Buffy ? Soit il était jaloux d'Angel soit il se disait que Buffy ne se battrait plus avec autant d'ardeur une fois qu'Angel aurait retrouvé son âme. Remarquez comme Buffy se retient durant leur dernier combat, comme si elle attendait que le sortilège fasse son effet. Devons-nous reprocher à Willow d'avoir voulu essayer le sortilège ? Si elle n'avait pas rendu son âme à Angel, Buffy l'aurait anéanti et aurait refermé la bouche de l'enfer sans en avoir le cœur brisé. Et Giles ? C'est lui, après tout, qui a révélé le secret à Angel pour réveiller Acathla. Sans son intervention, Buffy n'aurait pas été obligée de tuer Angel. Mais pouvons-nous blâmer un homme si accablé d'avoir eu un moment d'égarement ? La vérité, c'est que tous cherchaient à aider Buffy, mais qu'en dépit de leurs excellents motifs ils ont fini par lui causer la pire douleur qu'on puisse imaginer.

Sarah Michelle Gellar et Anthony Stewart Head nous offrent ici le meilleur de leur art. Cette saison a été riche en rebondissements pour tous les personnages. Le scénario, la réalisation et la musique sont irréprochables. Dans ce finale, on voit Cordelia et Alex échanger un premier vrai baiser d'amour, tandis que Willow appelle pour la première fois Oz au lieu d'Alex. Si la troisième saison nous offre ne serait-ce que la moitié de ce qu'il y a dans cette deuxième partie d'« Acathla », nous allons nous régaler. Toutes les séries devraient être aussi bonnes que celle-ci.

MEILLEURE SCÈNE : Le silence embarrassé entre Joyce et Spike dans le salon et Alex faisant un discours à une Willow inconsciente.

ÇA ME CHIFFONNE : Comment Buffy a-t-elle su que Drusilla avait tué Kendra ?

OUPS ! : Une des supériorités de cette série sur les autres est la grande ressemblance entre les acteurs et les cascadeurs qui les doublent dans les scènes d'action. Malheureusement, quand Angel se bat à l'épée contre Buffy, on voit très bien à quels moments David Boreanaz est remplacé par sa doublure. En effet, sa doublure a des pattes sur les joues alors que lui n'en a pas. Regardez aussi comment la coiffure de Buffy change dans la scène de combat.

MUSIQUE : Quand Buffy quitte Sunnydale, la très belle chanson qu'on entend s'appelle *Full of Grace*. Elle est extraite de l'album *Surfacing* de Sarah McLachlan. La musique de cet épisode a été écrite par Christophe Beck.

CULTURE POP : Spike, pour expliquer à Buffy que le monde de la surface est un endroit génial parce qu'il y a plein de gens, prononce cette phrase : « Des millions d'humains comme autant de Happy Meals sur pattes. » Il s'agit bien sûr d'une référence au menu pour enfants servi par les restaurants McDonald's.

« Grrrr... Argh. »

RÉPONSES AU QUESTIONNAIRE

Calculez votre score, puis reportez-vous au classement suivant :
De 90 à 95 points : vous êtes l'Elue.
De 85 à 89 points : vous êtes l'Observateur.
De 70 à 84 points : vous êtes une Tueuse adjointe.
De 50 à 69 points : vous êtes un vampire.
De 20 à 49 points : vous êtes un candidat vampire.
De 0 à 19 points : vous êtes Joyce Summers.

Les bons mots d'Alex

Comptez un point par bonne réponse.

1. « Réminiscence ».
2. « Réminiscence ».
3. « La soirée de Sadie Hawkins ».
4. « Un charme déroutant ».
5. « Sortilège ».
6. « La métamorphose de Buffy ».
7. « Le puzzle ».
8. « La momie inca ».
9. « Attaque à Sunnydale ».
10. « La soirée de Sadie Hawkins ».

Qui l'a dit ?

Comptez un demi-point si vous avez attribué la bonne réplique au bon personnage, et un demi-point supplémentaire si vous avez aussi trouvé le titre de l'épisode.

1. Giles dans « Le chouchou du prof » (à un confrère qui est maintenant interné).
2. Willow dans « Les hyènes ».
3. Cordelia dans « Kendra » (à Alex).
4. Spike dans « Mensonges » (à Ford).
5. Giles dans « Un premier rendez-vous manqué » (à Buffy).
6. Le proviseur Flutie dans « Le chouchou du prof » (à Buffy).
7. Willow dans « Mensonges » (à Angel).
8. Oz dans « Innocence » — deuxième partie (à Willow).
9. Buffy dans « Kendra » (à Kendra).
10. Le proviseur Snyder dans « La marionnette » (à la bande).
11. Spike dans « Attaque à Sunnydale » (à Angel).
12. Buffy dans « Les hyènes » (à Willow et à Giles).
13. Buffy dans « Un premier rendez-vous manqué » (à Giles).
14. Ted dans « Le fiancé » (à Buffy).
15. Buffy dans « Acathla ».
16. Spike dans « Mensonges ».
17. Cordelia dans « Portée disparue » (à Buffy).
18. Angel dans « Attaque à Sunnydale » à Spike (montrant la nuque d'Alex).
19. Snyder dans « Attaque à Sunnydale ».
20. Drusilla à Spike dans « Halloween ».

Qui fait quoi ?

Comptez un point par bonne réponse.

1. Il a surpris une conversation entre Giles et Buffy dans la bibliothèque.
2. Il a été tué par des vampires avec quatre autres passagers du bus dans lequel il voyageait. C'est ainsi que s'est accomplie la prophétie qui disait que cinq morts permettraient l'avènement du Juste des Justes.

3. Ira Rosenberg. Ce nom nous est révélé dans « La boule Thesulah ».
4. Prague.
5. A peine deux cents ans selon Giles.
6. Morgan (« La marionnette ») et Ford (« Mensonges »).
7. Giles qui le mentionne dans « La face cachée ».
8. Jonathan.
9. Un démon bienveillant envoyé pour guider Angel.
10. Elle est restée captive du trophée des pom-pom girls.
11. Cordelia.
12. Darla.
13. Elle venait de prononcer ses vœux dans un couvent.

Dans quel épisode est-ce arrivé ?

Comptez un point, ou deux si cela est indiqué, par bonne réponse.

1. « La momie inca » et « Un charme déroutant » (2 points).
2. Delta Beta Kappa.
3. Il écoute de la musique country. « Parce que la country, c'est une musique amère. »
4. La partie de fumigation des cafards.
5. « Sortilège » et « Pleine lune » (2 points).
6. « Le fiancé » et « Acathla » — deuxième partie (2 points).
7. Une femme qui fume une cigarette dans une allée déserte.
8. « Pleine lune ».
9. Comment manger un casse-croûte.
10. « Un charme déroutant » et « Kendra » deuxième partie (2 points).
11. Un grand sabre.
12. « Bienvenue à Sunnydale » — deuxième partie.
13. « Mensonges ».
14. « Kendra » — deuxième partie et « Pleine lune » (2 points).
15. « Le chouchou du prof ».
16. « Le manuscrit » et « La boule Thesulah ».
17. « La soirée de Sadie Hawkins ».
18. « Dévotion » et « Kendra » — deuxième partie (2 points).
19. « La momie inca » et « Halloween » (2 points).
20. Elle se bat contre un vampire.

RÉPONSES

Comptez un point par bonne réponse.

1. « Pleine lune ».
2. « Alias Angelus » (sur la piste de danse).
3. « Le puzzle » (pendant le match de foot).
4. « Le manuscrit » (elle sauve Ms. Calendar et Willow des vampires).
5. « Alias Angelus ».
6. « Billy ».
7. « Un premier rendez-vous manqué » (Owen).
8. « Innocence » — première partie (à la fête de Buffy).
9. « Œufs surprise ».
10. « Portée disparue ».
11. « Un charme déroutant ».
12. « Bienvenue à Sunnydale » — deuxième partie.
13. « Sortilège ».
14. « Halloween ». (Ils se rentrent dedans dans l'escalier du lycée alors que Willow est habillée en fantôme, et se font des excuses.) Accordez-vous un demi-point si vous avez répondu « Kendra », car c'est dans cet épisode qu'ils se parlent pour la première fois.
15. « Alias Angelus » (à l'hôpital après que Joyce s'est fait mordre).

Vrai ou faux

1. Faux. Il a abandonné ses études avant d'obtenir son diplôme.
2. Faux. C'est Willow qui dit cela. Buffy ne sait même pas qui est Emily Dickinson.
3. Vrai.
4. Faux. Buffy ne lui a jamais parlé du tatouage, et elle le fait retirer à ses propres frais.
5. Faux. Elle jouait du piano.
6. Faux. Il prétend ne pas se souvenir, parce qu'il ne veut pas reconnaître ce qu'il a fait à Willow et à Buffy. Alex n'était pas avec la meute quand le proviseur Flutie s'est fait dévorer.

7. Vrai.
8. Faux. Cordelia n'a pas de sœur, à notre connaissance.
9. Faux. Dans son dernier lycée, elle a été élue Reine de mai.
10. Faux. C'est son cousin qui est un loup-garou.

BIBLIOGRAPHIE

Anderson (Dennis), « Vampire-Slayer Buffy Battles Master », *The Associated Press*, 29 mai 1997.

« Anthony Head », *The Transylvanian Conventions — 1992 Guests*, en ligne, 3 juillet 1998.

Barber (Paul), *Vampires, Burial, and Death : Folklore and Reality*, New Haven : Yale University Press, 1988.

Boreanaz (David) interviewé par Keenan Ivory Wayans, *The Keenan Ivory Wyans Show*, Fox, Californie.

Boreanaz (David) interviewé par Regis Philbin et Kathie Lee Gifford, *Live With Regis and Kathie Lee*, ABC.

Boris (Cynthia), « Anthony Stewart Head is Watching Buffy », *Mania*, en ligne, 3 mai 1998.

Boris (Cynthia), « *Buffy the Vampire Slayer's* Robia LaMorte and Robin Sachs : A Re-Occurrence in Sunnydale », *Mania*, en ligne, 3 mai 1998.

Brady (James), « Sarah Michelle Gellar », *Parade Magazine*, 6 juillet 1997.

« Breakthroughs '97 — Sarah Michelle Gellar », *People*, 29 décembre 1997.

Brendon (Nicholas) interviewé par Sinbad, *Vibe*, CBS, 4 mai 1998.

« *Buffy the Vampire Slayer's* David Boreanaz », BBS Bulletin Board Chat, 17 septembre 1997, *TV Guide*, en ligne, 15 juin 1998.

« Buffy's Tunes Into Teens », *New York Daily News*, 30 mars 1997.

Carpenter (Charisma) interviewée par Keenan Ivory Wayans, *The Keenan Ivory Wayans Show*, Fox, Californie, 8 janvier 1998.

Carson (Tom), « Buffy Battles Teendom's Demons », *The Village Voice*, 7 juin 1997.

Carter (Alan), « Young Love in the Afternoon », *Entertainment Weekly*, 1992.

« Charisma Carpenter Star Chat », *UltimateTV*, 15 avril 1997, en ligne, 15 mai 1998.

« The Claddagh Ring », *Claddagh Jewellers*, en ligne, 3 juillet 1998.

Cobo (père Bernake), *Inca Religion and Customs*, traduit et édité par Roland Hamilton, Austin, University of Texas Press, 1990.

Collymore (Terrie), « Teen Queen », *Soap Opera Digest*, 1994.

Day (John), *Molech : A God of Human Sacrifice in the Old Testament*, Cambridge : Cambridge University Press, 1989.

Decker (Sean), « Interview with the Vampire Slayer », octobre 1997, *Dungeon of Darkness*, en ligne, 31 mars 1998.

Decker (Sean J.), « An Interview with Kevin Williamson », 5 octobre 1997, *Horror Movie*, en ligne, 13 juin 1998.

« Do As the Roman Do », *Soap Opera Weekly*, 1993.

Douglas (Adam), *The Beast Within*, London : Chapmans, 1992.

Douglas (Drake), *Horrors !*, Woodstock, NY :Overlook, 1989.

Dunn (Jancee), « Love at First Bite : Sarah Michelle Gellar », *Rolling Stone*, 2 avril 1998.

Ferrante, Anthony C., « New Kicks for Buffy the Vampire Slayer ». *Fangoria*, janvier 1998.

Fienberg (Daniel), « *Buffy* Goes Prime Time », *The Daily Pennsylvanian*, 10 avril 1997.

« Friends », *Soap Opera Weekly*, 1993.

Gellar (Sarah Michelle), interviewée par David Letterman, *Late Show with David Letterman*, CBS, New York, 20 novembre 1997. Interviewée par Howard Stern, *The Howard Stern Show*, 10 mars 1998. Interviewée par Jay Leno, *The Tonight Show with Jay Leno*, NBC, New York, 8 septembre 1997. Interviewée par Jay Leno, *The Tonight Show with Jay Leno*, NBC, New York, 17 décembre 1997. Interviewée par Rosie O'Donnell, *The Rosie O'Donnell Show*, ABC, 17 février 1998.

Good News Bible, Toronto, Canadian Bible Society, 1976.

Goods (Lorraine), « Sarah Michelle Gellar : Cult of the Vampire », *People*, en ligne, 18 mars 1998.

Gordon (Stuart), *The Encyclopedia of Myths and Legends*, London : Headline, 1994.

Graham (Jefferson), « Buffy Star Likes Demands of Action-Comedy Role », *USA Today*, 28 mars 1997.

« The Ratings Slayer : Box Office Bomb Has Turned Into a Hit On Television », *USA Today*, 28 mars 1997.

Graham (Jennifer) et Wolf (Jeanne), « Slay Anything », *YM*, janvier 1998.

Green (Michelle), « Stake-ing a Claim in *The Vampire Slayer* », *Mania*, en ligne, 3 mai 1998.

Green (Michelle Erica), « Werewolf of Sunnydale : The Wizard of Oz », *Mania*, en ligne, 3 mai 1998.

Grimal (Pierre), *The Dictionary of Classical Mythology*, traduction de A.R. Maxwell, Oxford : Blackwell, 1996.

Hensley (Dennis), « Miracle Worker », *Movieline*, novembre 1997.

Hine (Thomas), « TV's teen-agers : They're insecure, world-weary and (of course) misunderstood », 10 novembre 1997, *Houston Chronicle*, en ligne, 31 mars 1998.

Hobson (Louis B.), « To Die For », *Calgary Sun*, 1er décembre 1997, The Internet Movie Database, en ligne.

« Interview with the Cast of *Swans Crossing* », *Teen Party*, 1992.

Kemp (Anthony), *Witchcraft and Paganism Today*, London : Michael O'Mara, 1993.

Krantz (Michael), « The Bard of Gen-Y », 15 décembre 1997, *Time*, en ligne, 13 juin 1998.

Kutzera (Dale), « Sarah Michelle Gellar is the Heroine Who Battles Monsters and Teen Angst », *Femmes Fatales*, juillet 1997.

« Like Mother, Like Daughter », *Daytime TV*, 1994.

Littleton (Cynthia), « FX Network Bags *Buffy* Reruns at $650,000 Per Episode », *Variety*, 25 février 1998.

« Live Star Chat with Seth Green », *UltimateTV*, en ligne, 15 juin 1998.

Lyons (Shelly), « Alyson Hannigan's "Willow" — Wallflower by Day, Assistant Slayer by Night », *UltimateTV*, 11 mai 1998.

Malkin (Marc S.), « Lucky Dog ! », *Twist*, avril/mai 1998.

Martinez (Jose), « Buffy's Screaming Good Summer Vacation », *Venice*, octobre 1997.

Maslin (Janet), « Steamy TV : Coffee Opera », *The New York Times*, 22 novembre 1992.

Miller (Bruce R.), « Staking a Claim », *Sioux City Journal*, 7 mars 1997.

Milton (John), *Paradise Lost*, 1674, Merritt Y. Hughes, éd. New York : Macmillan, 1989.

Moore (Frazier), « High School Horrific », *TV Week — The Washington Post*, 30 mars 1997.

Moseley (Michael E.), *The Incas and Their Ancestors : The Archeology of Peru*, London : Thames and Hudson, 1992.

Noll (Richard), *Vampires, Werewolves, and Demons : Twentieth Century Reports in the Psychiatric Literature*, New York : Brunner/Mazel, 1992.

Norton (Peter B.) et al, eds. *The New Encyclopedia Britannica*, 15e édition. Chicago : Encyclopedia Britannica, Inc., 1995, 29 volumes.

Owen (Rob), « High School Horror on *Buffy the Vampire Slayer* : Teen Angst Trumps the Supernatural », *Albany Time Union*, 15 septembre 1997.

« Passion — Alyson Hannigan : Beanies Babies », *Teen People*, avril 1998.

Pearlman (Cindy), « Interview with Sarah Michelle Gellar », *Chicago Sun-Times*, septembre 1997.

Persons (Mitch), « *Buffy the Vampire Slayer*, Bringing classic horror to a whole new audience », *Cinefantastique*, mars 1998.

« Petcabus Awards », *The Petcabus Awards Homepage*, en ligne, 6 juillet 1998.

Pierce (Scott D.), « Buffy is Way Cool », *Deseret News*, 2 juin 1997 ; « Role on *Buffy* has opened delightful new world for actor », *Deseret News*, 5 juin 1998.

Queenan (Joe), « High Stakes », *TV Guide*, 17-23 mai 1997.

Rochlin (Margy) et Lawless, « Slay Belle », *TV Guide*, 2-8 août 1997.

Roesch (Scott), « Sarah's Summer », *Mr. Showbiz*, en ligne, 18 mars 1998.

Rudolph (Amanda), « He's a Keeper », *InStyle*, mai 1998.

Rudwin (Maximilian), *The Devil in Legend and Literature*, 1931, La Salle, Illinois : Open Court, 1989.

Rush (Michael S.), « Learning Life's Lessons », *Daytime TV*, 1993.

Schorow (Stephanie), « Stakeout », *The Boston Herald*, 19 mai 1997.

Sebald (Hans), *Witch-Children : From Salem Witch-Hunts to Modern Courtrooms*, Amherst : Prometheus, 1995.

Senn (Harry), *The Were-Wolf and Vampire in Romania*, Boulder : East European Monographs, 1982.

Sloane (Judy), « Alyson Hannigan », *Xposé*, décembre 1997.

Solin (Sabrina), « Girl Meets Boy », *Seventeen Magazine*, août 1994.

« Star Boards — Sarah Michelle Gellar », *E !*, en ligne, 31 mars 1998.

Steinbach (Sheila), « Daytime's Hottest Young Stars », *Soap Opera Update*, 1993.

Strauss (Bob), « *Buffy* Star Sarah Gellar Nurtures Her Film Career », *Detroit Free Press*, 10 novembre 1997.

Thomas (Mike), « A Virtual Gentleman : Anthony Head says goodbye to his "nice guy" image in *VR.5* », *Cult Times*, 2.

Thompson (Bob), « She Buffs Up the Teenage Image », *Toronto Sun*, 3 décembre 1997.
Thompson (Malissa), « Interview with Sarah Michelle Gellar », *React*, 27 octobre-2 novembre 1997.
Tong (Diane), *Gypsy Folktales*, San Diego : Harcourt, 1989.
Turner (Alice K.), *The History of Hell*, New York : Harcourt, 1993.
Wolf (Jeanne), « Listen Up with Sarah Michelle Gellar », *TV Guide*, en ligne, 31 mars 1998 ; « Q&A with Charisma Carpenter », *TV Guide*, en ligne, 7 mai 1998 ; « Q&A with Sarah Michelle Gellar », *TV Guide*, en ligne, 31 mars 1998 ; « Q&A with Nicholas Brendon », *TV Guide*, en ligne, 15 juin 1998.
Yovanovich (Linda), « Young Blood », *OnSat*, 14 juillet 1997.

DÉJÀ PARUS

Rob McGIBBON
Spice Power
L'histoire secrète des Spice Girls

Rick MOODY
Ice Storm

David WILD
Friends
Le guide officiel

Penny STALLINGS
Friends
Le guide officiel des 2e et 3e saisons

Stephen KING
La ligne verte
La Tour Sombre
1. Le Pistolero
2. Les Trois Cartes
3. Terres Perdues
4. Magie et Cristal

Kevin ANDERSON
Aux frontières du réel - 5
Anticorps

Andy MEISLER
The X-Files™
Aux frontières du réel
Le guide officiel nº 3. Quatrième saison

Jody DUNCAN
The X-Files™
Le livre du film

James CAMERON
Titanic
Le livre du film

Andrew NICCOL
The Truman Show™
Le livre du film

Steven SPIELBERG
Il faut sauver le soldat Ryan

Robert SILVERBERG
Légendes

Brian J. ROBB
Ewan McGregor
Du Junkie au Jedi

K.S. RODRIGUEZ
Dawson
L'album

éditions 8A

Cet ouvrage a été composé et réalisé par Nord Compo
et imprimé sur Roto-Page par l'Imprimerie Floch à Mayenne
pour le compte des Éditions 84
84, rue de Grenelle, 75007 Paris
Diffusion France et étranger : Flammarion

Achevé d'imprimer en novembre 1999
Dépôt légal : novembre 1999
1er dépôt légal dans la collection : septembre 1999
N° d'édition 5048. N° d'impression : 47448